Cynthia Erivo

Mehr als Genug

GOLDMANN

Cynthia Erivo

Mehr als Genug

Wenn sie dir sagen, dass du zu viel bist, bist du genau richtig

Aus dem Englischen
von Carla Hegerl und Jessica Joerdel

GOLDMANN

Die englische Originalausgabe erschien 2025 unter dem Titel
»Simply More« bei Flatiron Books, einem Imprint
von Macmillan Publishers, New York, USA.

MIX
Papier | Fördert gute Waldnutzung
FSC® C014496

Penguin Random House Verlagsgruppe FSC® N001967

1. Auflage
Deutsche Erstausgabe Dezember 2025.

Neumarkter Straße 28, 81673 München
produktsicherheit@penguinrandomhouse.de
(Vorstehende Angaben sind zugleich
Pflichtinformationen nach GPSR.)

Redaktion: Joscha Faralisch
Umschlag: Uno Werbeagentur, München unter Verwendung
eines Entwurfs von Laywan Kwan und Kelly Gatesman.
Photographs by Norman Jean Roy.
Photographs courtesy of Republic Records and Verve Label Group.
Satz: Uhl + Massopust, Aalen
Druck und Bindung: GGP Media GmbH, Pößneck
Printed in Germany
EW · CF
ISBN 978-3-442-18084-4

www.goldmann-verlag.de

Ich widme dieses Buch

Stephanie, der furchtlosen Reisenden,
die selbst gar nicht weiß, wie genial sie ist. Ich aber weiß es.

Meiner Liebe: Du siehst mich und lässt mich jeden Tag wachsen.
Und dafür danke ich dir.

Meiner Mutter, der Löwin, die immer daran geglaubt hat,
dass ich sein kann, wer ich will.

All jenen, die authentisch versuchen, sie selbst zu sein,
auch wenn die Umstände dagegensprechen;
euch gilt meine größte Bewunderung.

Ich bin, wer ich bin
Und dafür muss ich mich nicht entschuldigen

»I am What I Am«
von Gloria Gaynor
(geschrieben von Jerry Herman)

Inhalt

TEIL ZWEI

TEIL DREI

Mehr als Genug

Liebe Leserin, lieber Leser,[1]

während ich diese Worte schreibe, stecke ich gerade mitten in den Vorbereitungen für eine Musicalproduktion von *Jesus Christ Superstar*, die im Hollywood Bowl gezeigt wird. Ich spiele darin die Rolle des Jesus, was einige Kontroversen ausgelöst hat. Diese Diskussionen zeigen wieder einmal, dass ich manchmal mehr bin, als viele Leute aushalten können oder wollen.

Geht es dir vielleicht genauso?

Wir, die wir mehr sind, mehr als genug, und unsere Mitmenschen damit in Verlegenheit bringen, müssen uns häufig mit den Vorurteilen anderer Leute herumschlagen; Vorurteile, die nur deren eigene Unsicherheiten widerspiegeln; Vorurteile, die uns einsperren und kleinmachen sollen. Das ist bei so gut wie jeder marginalisierten Gruppe so und gilt für alle, die aus tiefstem Herzen und authentisch sie selbst sein wollen. Wir werden überwacht und kontrolliert; wir werden dazu aufgefordert, uns ruhig und unauffällig zu verhalten, damit unsere Freiheit andere nicht ansteckt und inspiriert. Um ganz wir selbst zu sein, müssen wir uns von der Angst vor dem Urteil anderer befreien und uns fragen: *Woran glaube ich wirklich?*

---

1 In der deutschen Version dieses Buches wurde mithilfe des generischen Femininums gegendert. Es sind aber jederzeit alle Geschlechter mitgemeint.

Denn die Antwort darauf weist uns den Weg.

Aber sie zu finden, ist ein langer Prozess. Mich selbst hat es viele Jahre voller schöner und schmerzhafter Erfahrungen gekostet, das zu verstehen. Bestimmt geht es dir ähnlich.

Ich glaube fest an die Kraft des Gesangs und an den Zauber der Bühne. Vor Publikum zu singen, ist für mich ein heiliger Akt. Es ist ja nicht so, dass ich einfach nur den Mund zu öffnen bräuchte und der Klang dann wie von selbst ertönt. Es geht nicht um bloßen Genuss. Singen ergibt nur dann Sinn, wenn man weiß, was man mitteilen will und welche oder wessen Geschichte man erzählen möchte; vielleicht wirst du andere mit deiner Botschaft tief bewegen. Ich singe nicht nur für mich selbst, sondern für meine Zuhörerinnen und Zuhörer; für die eine Person im Publikum, die heute vielleicht genau diesen Song braucht. Der Gesang ist eine Gabe, eine spirituelle Verbindung, ein Geschenk.

Jede und jeder von uns hat eine solche Gabe, nach der sich die Welt und die Menschen um uns herum sehnen. Sie warten nur darauf, dass wir dieses Geschenk teilen und dadurch mit ihnen in Verbindung treten. Wir dürfen nicht zulassen, dass die Meinungen anderer uns davon abhalten, die uns zugeteilte Gabe weiterzugeben, auch wenn das nicht immer einfach ist. Ich glaube, dass unsere Gaben verblassen, wenn wir sie nicht nutzen. Holen wir hingegen das Beste aus ihnen heraus, können wir mehr als genug sein und alle Erwartungen übertreffen.

Ich weiß, dass das nicht einfach ist. Ich wusste anfangs ja selbst nicht, wie es geht. Dieses Buch handelt davon, wie ich in schwierigen Zeiten zu mir selbst fand.

Wenn wir viel mit Menschen zu tun haben, die selbst nicht mehr aus sich herausholen wollen, kommt es häufig zu Konflikten. Denn wer sich selbst nicht in seiner ganzen Menschlichkeit akzeptiert, fühlt sich von denen, die das sehr wohl tun, oft bedroht. Aber davon dürfen wir uns nicht aufhalten lassen.

Genau dazu sind wir alle berufen:

Ganz wir selbst zu sein, auch wenn es uns manchmal schwerfällt. Auch wenn andere uns kleinmachen wollen. Auch wenn wir ausgelacht werden, nur weil wir sind, wer wir eben sind. Wir sind da, um über uns selbst hinauszuwachsen, um uns immer weiterzuentwickeln. Um mehr als genug zu sein.

Und um dann jenen, die nach uns kommen und dasselbe versuchen, den Weg zu weisen.

In liebevoller Verbindung
Cynthia Erivo

Juni 2025

TEIL EINS

Die ersten zehn Meilen läufst du mit dem Kopf

1

Du hast das Zeug dazu, einen Marathon zu laufen

Ich liebe es, zu laufen. Wirklich.

Es mag vielleicht überraschend sein, dass ich ein Buch mit einer Liebeserklärung an etwas beginne, das nichts mit Musik oder Gesang zu tun hat. Aber nur Geduld: Ich verspreche, es wird bald Sinn ergeben.

Also, ja. Ich liebe es, zu laufen. Ich liebe es, die Luft auf meiner Haut zu spüren, mein klopfendes Herz in der Brust und die Kraft meiner Beine, die mich voranbringen. Ich liebe das Gefühl, wenn sich der Schweiß an unterschiedlichen Stellen meines Körpers sammelt und dann kühl am Brustkorb herabrinnt. Ich liebe die Anstrengung, die der Belohnung vorausgeht, den mit jeder Meile ansteigenden Endorphinspiegel.

Ich liebe es, meine eigenen Erwartungen zu übertreffen und das Unmögliche zu schaffen. Mich in Momenten des Zweifels zu überraschen, indem ich sie überwinde.

Wie meine Liebe zum Laufen begann? So, wie immer alles beginnt: Ich sah (buchstäblich) ein Zeichen.

Eines Tages bemerkte ich im Park einen Zettel, auf dem ein Spendenlauf für Krebsforschung angekündigt wurde. Ich wollte meinen Teil dazu beitragen. *Warum nicht mitmachen?*, dachte ich. Schließlich war es für einen guten Zweck.

Gleichzeitig kamen mir Bedenken: *Das schaffe ich nie. Ich bin noch nie eine so lange Strecke gelaufen.*

Ich wollte es trotzdem versuchen. Daher beschloss ich, meinem ersten Impuls zu folgen, weil er rein und unmittelbar war. Es war Instinkt; ein Verlangen. Also machte ich mich an die Arbeit. Ich suchte mir eine Laufroute und rannte los. Seitdem bin ich nicht mehr stehengeblieben.

(Das ist vielleicht eine der wichtigsten Lehren meines Lebens: Dass unsere tiefsten Wünsche uns dorthin führen, wo wir hinwollen. Wo wir hingehören.)

Inzwischen ist das Laufen für mich zu einer Art Meditation geworden. Es hilft mir, Erlebtes zu verarbeiten. Mein Kopf ist dabei ganz klar, ich kann mir über meinen Alltag Gedanken machen und die Stille genießen. Ich fühle mich durch die Geräusche meines Atems und die Bewegungen meines Geistes mit mir selbst verbunden. Ich laufe, weil es mir Freude bereitet und ich dabei im Reinen mit mir bin. So ist das auch bei vielen anderen Dingen in meinem Leben. Ich bin zwei Marathons und vier oder fünf Halbmarathons gelaufen. Im Training komme ich auf fünfundzwanzig Meilen pro Woche. Ehrlich gesagt leiden meine Füße ein wenig darunter. Manchmal gehe ich auch zu weit und verletze mich. Wenn ich eine bestimmte Schwelle überschreite, zahle ich dafür eben einen Preis. Ich bin noch dabei, zu lernen, wann es genug ist. Es ist wichtig, die richtige Balance zu finden.

Meistens höre ich beim Laufen keine Musik, Hörbücher

oder Podcasts. Ein fantastischer Osteopath, Fabi, hat mir einmal gesagt, dass man beim Laufen auf seinen Körper hören sollte – und ich finde, er hat recht. Ich will mich ganz auf meinen Körper und seine Bedürfnisse einstimmen. Ich lausche der tiefen Weisheit meines Körpers und frage ihn bei jedem Schritt: Was fühlt sich gut an? Woran muss ich noch arbeiten? Was fühlt sich besser an als letztes Mal? Wie viel weiter bin ich diesmal gekommen? Mein Körper ermutigt mich, die Ziellinie jedes Mal etwas weiter nach hinten zu schieben und mich selbst herauszufordern. Er hilft mir dabei, meine Umgebung wahrzunehmen. Er zeigt mir, dass ich mich ständig weiterentwickele, wachse, und dass dieses Wachstum bewusst erlebt und gefeiert werden will. Als Menschen sind wir, egal an welchem Punkt unseres Lebens wir uns befinden, immer im Wandel und entdecken von Minute zu Minute neu, wer wir sind. Wir befinden uns immer in einem wundervollen, dynamischen Zustand des *Werdens*. Und beim Laufen werden wir uns dessen besonders bewusst. Schließlich müssen wir dabei ständig etwas verändern – unseren Atemrhythmus, unsere Geschwindigkeit, unsere Richtung. Kommt eine Kurve, nehmen wir sie. Nähern wir uns einem Hügel, erklimmen wir ihn, um dann beim Abstieg die Leichtigkeit und Weite zu spüren, die sich vor uns auftut. Das erfordert Kontrolle, und das erfordert Hingabe. Kontrolle und Hingabe.

An manchen Tagen kann ich es kaum erwarten, rauszugehen und loszulaufen. An anderen möchte ich mich noch nicht einmal aufs Laufband stellen. In solchen Momenten lerne ich am meisten. Denn dann muss ich mich fragen: *Wie kann ich die Unlust überwinden? Was brauche ich, um wieder diese Leidenschaft zu spüren?* Ich stelle mich dem Gefühl und finde heraus, was ich tun muss, um aus der Tür treten zu können.

Das Erstaunliche ist, dass ich an Tagen, an denen ich meine eigenen Widerstände überwinde, immer die besten Läufe hinlege.

Vor einigen Jahren habe ich für eine Zeitschrift einen Brief an mein jüngeres Selbst geschrieben.

Liebe Cynthia,

Du kannst Marathons laufen.

Im Leben wie in der Arbeit; durch New York City, auf der Bühne, auf der Leinwand.

Es fühlt sich gerade vielleicht nicht so an, aber dein Geist und Körper sind bereit.

Nichts hält dich zurück.

Du glaubst vielleicht, du schaffst das noch nicht, aber dieser Schmerz zeigt, wie weit du schon gekommen bist.

Bitte hör nicht auf. Du bist so nah dran.

Eines Tages wirst du dort sein, wo ich heute bin.

Du wirst denken: »Wie ist das nur möglich? Wie konnte all das passieren?«

Es passiert wegen der Arbeit, die du heute leistest.

Wegen der Entscheidungen, die du heute triffst (den guten wie den schlechten),

Wegen der Menschen, die du in dein Leben lässt.

Hab keine Angst vor den Momenten, in denen dir die Welt zu entgleiten scheint.

Es wird solche Momente geben.

Laufe nicht weg, wenn es so weit kommt.

Lass sie sacken.

Wenn der Staub sich legt, wirst du wieder festen Boden unter den Füßen haben.

Je größer der Traum, desto mehr muss getan werden,
um ihn zu verwirklichen.
Alles ist möglich.

Genieße Momente, in denen du ein Ziel erreichst.
Lebe sie.
Schwelge in ihnen. In den großen, wie den kleinen.
Frage dich nicht immer nur, was als Nächstes kommt.
Das Hier und Jetzt ist aufregend genug.
Wenn du es nicht genießt
Wirst du es verpassen.

Denk daran, die Menschen zu lieben und zu ehren, die dein
Leben bereichern und an deiner Seite stehen.
Sie werden da sein, wenn du Hilfe brauchst.
Schenke ihnen Licht, während deiner wachen Stunden und wenn du schläfst
Wünsch ihnen Wärme, Glück und Sicherheit.
Niemand kann seine Träume allein erreichen.
Versuch es nicht einmal.
Du wirst sehr unterschiedlichen Menschen begegnen.
Wirst ein sicherer Hafen für ihre Geschichten sein.
In solchen Momenten verstehst du, warum *du hier bist.*
Die Menschen können sich selbst in dir sehen.
Sorg dafür, dass ihr Spiegelbild hell in dir leuchtet und von Freude und Liebe erfüllt ist.

Was du gibst, wird zu dir zurückkehren.

Oh – und ruf deine Mutter häufiger an. Sie vermisst dich, sagt aber nichts, weil sie dich nicht unter Druck setzen will. Ruf sie an.

Cynthia, du hast vielleicht schon ein Muster erkannt.
LIEBE und DANKBARKEIT
Sie werden dich dahin bringen, wo ich heute bin –
und noch weiter.

Und denk immer daran: Du bist genug.
Du wirst Großes erreichen.
Sei mutig. Leuchte.

Ich liebe es, mir diesen sechs Jahre alten Brief durchzulesen und zu merken, welche Weisheit in ihm steckt, welche Zuversicht, welche Selbstliebe. Ich merke, dass die Laufdisziplin sich auf mein kreatives Leben auswirkt und dass ich, indem ich diese Disziplin auf meinen Körper angewendet habe, auch meinen Geist trainiere. (Heute weiß ich, dass geistige Stärke viel wichtiger ist als alle physischen Fähigkeiten.)

Ich sehe ihn auch als Zeichen für das, was noch kommen wird.

Ich sehe den Glauben, die Gewissheit, dass da etwas am Horizont ist. Ich sehe die Aufforderung, auch mal innezuhalten, um die Schönheit des Augenblicks zu genießen. Ich sehe die Saat, die gepflanzt wurde – Vertrauen, Sicherheit, Mitgefühl, Mut – und die später genau dann erblüht, wenn sie am meisten gebraucht wird.

Julia Lucas, meine Lauftrainerin, sagt immer, die beste Strategie für einen Marathon sei die 10/10/10-Regel.

Die ersten zehn Meilen läufst du mit dem Kopf. Du denkst darüber nach, was du weißt, was du noch vor dir hast, welche Route du rennst. Du fängst langsam an und suchst deinen Rhythmus. Für mich entspricht das im Leben der Kindheit, also der Zeit, in der wir herausfinden, wer wir sind und wo wir hinwollen.

Die zweiten zehn Meilen läufst du mit den Beinen. In diesem Abschnitt eines Marathons zehrst du von den Übungen und dem vielen Training und bist ganz in deinem Körper. Im Leben entspricht das dem frühen Erwachsenenalter, in dem wir das Gelernte erstmals anwenden.

Und das letzte Stück, bei dem du denkst, du hättest schon alles gegeben, läufst du mit dem Herzen. Es steht für den Rest des Lebens, in dem wir uns freimachen und zulassen, dass die Kraft, die Muskeln, die Energie und die Erkenntnisse, die wir im Laufe unseres Lebens gesammelt haben, uns weit über die Ziellinie tragen.

Ich werde ständig gefragt: »Wie schaffst du es nur, so weite Strecken zu laufen? Ich will auch damit anfangen, weiß aber nicht, wie. Ich werde es nie so weit bringen.« Dieselbe Frage bekomme ich manchmal auch gestellt, wenn es um Gesang oder Schauspielerei geht. *Wie bist du nur so weit gekommen? Ich schaffe das nie.*

Man muss sich immer ins Bewusstsein rufen, dass niemand einen darum bittet, so weit oder auch nur halb so weit zu laufen. Niemand bittet einen, irgendetwas zu tun. Die einzige Person, die das tun kann, bist du selbst. Du musst nur rausgehen und loslaufen.

Das ist alles. *Lauf los.* Zieh die Laufschuhe an. Auch wenn du es nur bis zur Tür schaffst, ist das schon mehr, als du gestern erreicht hast. Vielleicht schaffst du es morgen über die Schwelle. Und am Tag darauf die Straße hinunter. Es muss nicht gleich eine halbe oder ganze Stunde sein. Fünf Minuten reichen anfangs völlig aus. Mehr braucht es nicht. Und mit der Zeit wirst du dann merken, dass dein Geist und dein Körper nach mehr verlangen.

So ist es auch im Leben. Ein Schritt folgt auf den anderen. Du gehst einen, dann noch einen, dann noch einen, dann noch einen, dann noch einen.

Und auf einmal merkst du, dass du läufst.

2

Was lag dir als Kind am Herzen?

Die Ursprünge unseres wahren Ich liegen meist in den Erinnerungen an das, was uns in der Kindheit am Herzen lag. Nimm dir einen Moment und überlege, was du als Kind später einmal werden wolltest oder was dich glücklich machte, bevor der Ernst des Lebens losging. Diese Leidenschaften und Wünsche sind unsere reinsten Träume und eröffnen einen Blick in die Tiefen unserer Seele.

Für mich war es der Gesang.

Meine Mutter sagt, ich hätte mit etwa achtzehn Monaten zu singen begonnen. »Cynthia hat mit noch nicht einmal zwei Jahren angefangen, zu singen«, schrieb sie in mein Babybuch. »Und sie summt beim Essen.« Daran erinnere ich mich nicht. Aber ich erinnere mich sehr wohl an das erste Mal, als ich vor Publikum sang. Ich war etwa fünf Jahre alt und spielte bei einem Krippenspiel den Hirten. Ich sollte »Stille Nacht« singen. Ich weiß nicht mehr, warum sie ausgerechnet mich darum baten – vielleicht lag es daran, dass ich nicht gerade schüchtern war.

Aber ich weiß noch, dass die Leute klatschten, als ich fertig war. Alle strahlten mich an und ich fühlte mich richtig, richtig gut.

Es war, als sprudelte ich innerlich.

Ja, diese Beschreibung kommt meinem Gefühl damals als Fünfjähriger am nächsten. Ich erinnere mich bis heute daran. Als wäre ich mit Kohlensäure versetzt. Und das hat dann wohl den Anstoß für meinen weiteren Weg gegeben. Ich wollte mehr.

Dabei hielt ich mich nicht einmal für besonders begabt. Ich dachte nur, *Oh, okay, so was kann ich also,* und war der Meinung, alle anderen könnten das auch. Aber die Menschen schienen *meinen* Gesang eben besonders zu mögen.

Später begriff ich, dass ich mich nur auf der Bühne so fühlen konnte.

Mein kleines Ich war rechthaberisch, quirlig, geschwätzig und ständig am Singen; und es war neugierig – sehr neugierig. Ich wollte alles wissen, mischte mich überall ein und lauschte allen Gesprächen um mich herum. Ich wollte den Menschen zusehen, bei allem, was sie taten. Ich wollte so viel wie möglich über die Welt wissen. Und daran war ja grundsätzlich nichts verkehrt. Auf der Bühne war es sogar von Vorteil und die Menschen schienen diese Eigenschaften zu akzeptieren. Aber in anderen Situationen haben mich meine Neugier und mein vorlautes Mundwerk in Schwierigkeiten gebracht.

Ich interessierte mich einfach für alles. Manchmal wussten meine Lehrerinnen und Lehrer nicht, was sie mit dieser aufgeweckten Schülerin anfangen sollten, die sie ständig mit Fragen löcherte. Und auch manche Kinder in meiner Klasse fühlten sich von meiner Wissbegier eingeschüchtert.

An eine Situation erinnere ich mich besonders gut. Ich war etwa zwölf Jahre alt und meine Lehrerin forderte mich auf, das

Klassenzimmer zu verlassen. Vermutlich, weil ich entweder zu viele Fragen gestellt oder ihr bei irgendetwas widersprochen hatte, ich weiß es nicht mehr genau. Ich wurde häufig rausgeschickt, weil ich zu viel quatschte. Diesmal geschah es im Englischunterricht und ich erinnere mich daran, weil ich die Lehrerin, Miss Casey, sehr liebhatte. Sie war einfach toll. Ihr Atem roch immer nach Kaffee und sie trug ein blumiges Parfum. Kaffee und Lavendel, was für eine Kombination. Sie trug Halsketten, einen weiten Cardigan und einen wallenden Rock. Wenn sie sich durch das Klassenzimmer bewegte, wirkte es immer, als tanzte oder schwebte sie.

Ich fühlte mich von ihr ernst genommen.

Aber an dem Tag, als sie mich zum Gehen aufforderte, begriff ich zum ersten Mal, was Wut ist. Der Ärger brach nur so aus mir heraus. »Warum muss ich immer still sein?«, fragte ich laut. »Ich stelle Fragen, weil ich etwas *wissen will.* Ich gehe nicht! Ich weigere mich, zu gehen. Warum sagen Sie mir ständig, dass ich leise sein soll?«

Dieser Moment war so schmerzhaft, weil ich Miss Casey mochte und es das *erste* Mal war, dass ich mich von ihr nicht gesehen fühlte. Ich war so verwirrt, so wütend, weil *sie* es war, die einzige Lehrerin, die mich sonst immer verstand.

Aber in dem Moment verstand sie mich überhaupt nicht. Und das tat weh.

An dem Tag begriff ich, dass ich für manche Leute einfach zu viel bin.

Zu Hause habe ich mich nie so gefühlt. Ich liebte alles an meinem Zuhause. Im Gegensatz zu anderen Kindern schämte ich mich auch nicht dafür, wenn meine Mutter mir etwas zu essen mit in die Schule gab. Im Gegenteil! Ich dachte, *Gott sei Dank hat Mama mir was zu essen gemacht. Das ist besser als jedes Schulessen.* Ich war wahnsinnig stolz auf meine Herkunft und auf meine Mum und darauf, was sie alles leistete. Auf Schulausflüge freute ich mich immer besonders, weil sie mir dann eine Lunchbox mit Jollof-Reis und Hühnchen mitgab. Das ist wahrscheinlich der Grund, warum ich bis heute immer irgendwelche leckeren Kleinigkeiten bei mir habe, die mir den Tag über das Gefühl geben, geliebt zu werden.

Aber an dem Tag, als Miss Casey mich vor die Tür setzte, wurde ich mir auf einmal des Wörtchens *zu* bewusst.

Ich sprach *zu* viel; ich war *zu* laut; ich war *zu* frech und *zu* neugierig.

Anfangs verwirrte mich das und ich fühlte mich schlecht. Später aber begriff ich, dass die Eigenschaften, die uns als Kinder in Schwierigkeiten bringen – die vielen *Zus* – später im Erwachsenenalter zu unseren größten Stärken werden. Das Kind, das zu viele Fragen stellt, wird später versuchen, Dinge zu verstehen und Probleme zu lösen. Das Kind, das zu viel spricht, wird später seine Stimme nutzen, um für sich und andere einzustehen. Das Kind, das zu still und schüchtern ist, wird später zu einem guten Beobachter und genau wissen, wie man mit unterschiedlichen Menschen umgeht. (Und dem Mädchen, das zu laut singt, wird man eines Tages überall auf der Welt zuhören.)

Erst als ich das begriff, verstand ich, warum ich zu dem Menschen geworden bin, der ich heute bin. Ich habe mein ganzes Leben lang Fragen gestellt, zugehört und mich überall eingemischt, weil ich die Menschen und das Leben verstehen wollte. Und das ist für die Schauspielerei und den Gesang unendlich wichtig. Ich singe laut, weil meine Stimme sich auf diese Weise Gehör verschafft.

Was, wenn ich mir diese Eigenschaften abtrainiert hätte, nur weil mir gesagt wurde, ich sei zu viel? Ich will mir gar nicht ausmalen, wie mein Leben jetzt aussähe, wenn es dazu gekommen wäre.

3

Sei verletzlich

Was mich das Singen noch gelehrt hat, ist Verletzlichkeit. Verletzlichkeit bedeutet Offenheit. Wenn du singst, musst du dich so weit wie möglich öffnen. Beim Singen produzieren wir tief in unserem Inneren Schallwellen. Diese Wellen müssen dann durch den Raum, durch unseren physischen Körper gestaltet und geformt werden – und ohne Offenheit gibt es keinen Raum. Wenn du den Mund nicht öffnest, bringst du nur ein gedämpftes Summen hervor, was auch in Ordnung ist, wenn du das möchtest. Aber für einen lauten Klang musst du den Mund weit öffnen. Und wenn du deinen Körper beim Singen nicht öffnest, wirst du die Töne nicht halten können und der Atem wird dir knapp. Du wirst an der Oberfläche bleiben und nicht lange durchhalten.

Auch auf der Bühne muss dein wahres Selbst präsent sein, sichtbar und hörbar werden. Und du musst dich wohl dabei fühlen.

Aber das ist noch nicht alles. Wenn du einmal angefangen hast zu singen, musst du noch weiter gehen. Du musst dich nicht nur körperlich, sondern auch emotional öffnen, auch wenn du nicht weißt, wie die anderen darauf reagieren werden. Deine emotionale Verbindung zur Musik muss klar hervortreten. Du musst dem Publikum einen Teil von dir geben, ohne zu wissen, ob sie ihn mit offenen Armen empfangen. Du hoffst und betest, dass sie dein Geschenk annehmen, aber du kannst dir dessen nie ganz sicher sein.

Manchmal klappt es nicht (und das weißt du erst, wenn es schon passiert ist – eine falsche Betonung, ein schiefer Ton, ein Huster), ganz egal, wie viel du geprobt hast und wie talentiert du bist. Es gibt einfach Tage, an denen nicht alles so läuft, wie du es dir wünschst. Trotzdem musst du weitermachen.

Auch wenn du dich damit verletzlich machst.

Du musst dich fallen lassen. Ein Risiko eingehen.

Das macht Angst. Aber es geht nicht anders.

Und wenn es dann *doch* klappt, spürst du es.

Du weißt mit jeder Faser deines Körpers, dass das Publikum bei dir ist. Die Energie im Raum verändert sich. Die Wände verschwinden. Die Luft ist klar. Alles ist weit offen. Du fühlst dich frei. Du fühlst, dass du deiner Bestimmung folgst.

Verletzlichkeit ist eine Stärke.

Wie bei dem japanischen Konzept *Ikigai,* bei dem es darum geht, seinem Leben einen Sinn zu geben und Freude und Erfüllung zu finden, indem man seine Leidenschaften und Stärken miteinander verbindet. Das ist es, was mich jeden Morgen motiviert, aus dem Bett zu steigen und den Tag mit Sinn und Freude zu erfüllen.

Verletzlichkeit und *Ikigai* sind ein unschlagbares Team. Und auch du kannst dich jederzeit für diese beiden Haltungen entscheiden.

4

Ich leih dir meine Mutter aus

Als ich aufwuchs, waren da nur meine Mum, meine Schwester und ich. Zu Hause lief in jedem Zimmer Musik. Diana Ross, Lionel Richie, Phil Collins, Aretha Franklin, Boney M – oder auch nigerianische Musik, wenn meine Mum für die Musikauswahl zuständig war. In meinem Zimmer liefen R&B, Brandy, TLC und Monica. Unser Haus war ein musikalisches Potpourri, von überallher schallte einem irgendetwas entgegen.

Meine Mum liebt Musik und in ihrem Kopf ist sie Aretha Franklin höchstpersönlich. Ihrer Meinung nach habe ich mein Gesangstalent von ihr, und ich lasse sie gerne in diesem Glauben. Denn obwohl es nicht ganz der Wahrheit entspricht, hat sie die Lorbeeren absolut verdient. Was nämlich durchaus stimmt, ist, dass sie keine Angst vor dem Singen hat – und das ist einfach wunderbar. Wird dir nicht auch warm ums Herz, wenn du dir vorstellst, wie meine Mum das ganze Haus mit ihrer Stimme erfüllt? Schließ die Augen und male es dir aus: Das Lächeln auf ihren Lippen, das leichte Wippen ihres Körpers. Pures Glück.

Meine Schwester hat eine wunderschöne Stimme. Sie wird ziemlich sauer sein, wenn sie das hier liest, aber ich will ja ehrlich sein, also: *Die Welt muss es wissen, Schwesterherz!* Wir harmonierten und sangen gemeinsam Disneylieder wie »Die Schöne und das Biest«. Oder Kate Bushs »Wuthering Heights« und »Babooshka«, oder Elton Johns »Daniel« und »Don't Let the Sun Go Down on Me«, sein Duett mit George Michael. Stell dir vor, wie wir zwei Mädchen in der Küche an der Spüle stehen, während die eine von uns abspült und wir aus vollem Herzen ein Lied nach dem anderen schmettern, vollkommen angstfrei, ganz im Flow. Unser eigenes kleines Konzert. Wer braucht schon die Royal Albert Hall?

Weil Musik allgegenwärtig war, fühlte ich mich zu Hause wohl. Außerdem konnte ich so viele Fragen stellen, wie ich wollte, und brauchte mich für meine Neugier nicht zu schämen. Ich konnte Musik hören, wo und wann ich wollte. Mum überließ mir sogar hin und wieder die HiFi-Anlage. Manchmal verbrachte ich ganze Nachmittage damit, davorzusitzen und darauf zu warten, dass mein Lieblingssong im Radio gespielt wurde, um ihn aufzunehmen. Meine Leidenschaft für Musik war nie ein Problem.

Ich hoffe, dass auch dein Zuhause für dich ein sicherer Ort war. Wenn nicht, kannst du dir jetzt selbst einen solchen Ort erschaffen, und sei es nur in deinem Kopf. Auch das zählt.

Zu Hause entwickelte ich eine tiefe und bedingungslose Liebe zur Musik. Singen ist das eine, aber Musik wirklich zu *lieben,* ist etwas ganz anderes. Und ich liebe Musik, nicht nur weil sie mein Beruf ist, sondern weil sie mich erfüllt. Musik ist für mich wie die Luft zum Atmen.

Meine Mutter hat mich immer bei allem unterstützt, und

das, obwohl sie durch und durch Nigerianerin ist. Es ist für nigerianische Eltern nämlich gar nicht so selbstverständlich, zu sagen: »Na klar, werde Sängerin, wenn du willst.« Eine absolute Seltenheit! Die meisten nigerianischen Eltern wollen, dass aus ihren Kindern Ärzte, Anwältinnen, Krankenpfleger oder Ingenieurinnen werden. Doch meine Mum war da ganz anders. »Ich will, dass du deine Träume verfolgst. Tu das, was du am besten kannst.«

Sie war so großmütig, weil sie selbst das Gegenteil erfahren hatte. Ist es nicht immer so? Wer selbst mit Einschränkungen leben musste, hat Verständnis für andere in der gleichen Situation. Mit etwa zwanzig Jahren wollte meine Mum aus Nigeria ins Vereinigte Königreich auswandern, weil auch ihre Schwester das vorhatte. Aber ihre Eltern waren nicht einverstanden. Also versteckte sie den Pass ihrer Schwester. »Lasst mich mit ihr gehen, sonst gebe ich ihn euch nicht zurück.« Schließlich gaben sie nach. Ihr Vater aber bestand darauf, dass sie eine Lehre in der Gastronomie machte, um ihre Schwester zu unterstützen. Mum wollte eigentlich Kinderpflegerin werden. Im Vereinigten Königreich machte sie dann zwei Lehren gleichzeitig: in der Gastronomie und in der Pflege. (Man sieht also: Ehrgeiz liegt in der Familie.) Danach öffneten sich die ersten Türen. Sie wurde Krankenpflegerin und machte Hausbesuche bei Kindern mit geistigen Einschränkungen und Müttern mit neugeborenen Babys. Aber weil sie hart kämpfen musste, um es so weit zu schaffen, wollte sie selbst nicht die Art Mutter sein, die ihren Kindern alles verbietet. Irgendwann im Laufe ihrer Karriere traf sie einen Mann, verliebte sich und bekam mich und meine Schwester. Leider war er kein besonders guter Vater, sodass meine liebe Mum meine Schwester und mich allein großziehen musste.

Trotz der Unzulänglichkeit meines ständig abwesenden Vaters schaffte es meine Mutter irgendwie, in ihrem Herzen ein wenig Güte für ihn übrigzulassen. Sie ließ ihn in unser Leben und gab auch ihm die Chance, uns in seines zu lassen. Leider war er dieser Herausforderung nicht gewachsen. Ich glaube, er hat wirklich versucht für uns da zu sein, zumindest physisch. Aber das sollte am Ende nicht reichen.

Auf die Unterstützung meiner Mutter konnte ich dagegen immer zählen. Es gab einmal eine Zeit, ich war vielleicht achtzehn oder neunzehn, da hörte ich auf einmal auf zu singen und aufzutreten.

Meine Mum bemerkte das und sagte ganz nebenbei zur mir: »Ich hoffe, du singst bald wieder.«

Diese Worte hallen bis heute in mir nach.

»Ich hoffe, du singst bald wieder.«

Das ist ein Privileg, das Einwandererkindern häufig verwehrt bleibt. Ein Privileg für jedes Kind.

Meine Schwester sieht mir so ähnlich, dass sie auf der Straße oft mit mir verwechselt wird. Sie hat wie meine Mutter eine Karriere im Gesundheitswesen gemacht und arbeitet als Coach bei einem Reha-Programm, das auf Sport und Fitness basiert. Sie hilft weniger aktiven Menschen, beispielsweise Diabeteskranken, dabei, sich mehr zu bewegen.

Vielleicht hast du jetzt eine Vorstellung davon, was für liebenswürdige Menschen sie beide sind – hilfsbereit, gutmütig und warmherzig. Ich weiß mit jeder Faser meines Körpers, dass ich mich glücklich schätzen kann, sie in meinem Leben zu haben.

Gibt es solche Menschen auch in deinem Leben? Wenn du, anders als ich, weniger Glück hattest und von deiner Mum oder deinen Geschwistern nicht unterstützt wurdest, denk daran: Ich würde dir meine ausleihen. Jederzeit. Stell sie dir vor und lass zu, dass sie dich lieben und ermutigen, so wie sie es mit mir getan haben. Und auch ich stehe natürlich an deiner Seite.

Das Leben steckt voller Herausforderungen. Jede und jeder von uns sollte auf die Liebe einer starken Mutter und hilfsbereiter Geschwister zählen können.

5

Wir sind gar nicht so verschieden

Auch wenn sich unsere Biografien wahrscheinlich stark unterscheiden, bin ich mir sicher, dass wir viel gemeinsam haben. Ich bin im Süden Londons großgeworden. Das Mehrfamilienhaus, in dem wir wohnten, war einmal eine Kirche gewesen. Innen befanden sich nun kleine Wohnungen, die Fassade ist aber erhalten geblieben. Meine Mutter, meine Schwester und ich wohnten auf unserer Etage in Wohnung fünf. Alle Nachbarn waren außerordentlich freundlich. In Wohnung vier wohnte Tayo mit seinen zwei Töchtern, in Wohnung drei Clive und in Wohnung zwei Sharon mit ihrem süßen, schwer asthmatischen Sohn Benjamin. In der Wohnung unter uns wohnten zwei Schwestern, Samira und Safira. Es war, als hätte man eine Sozialwohnsiedlung auf die Größe eines einzigen Hauses zusammengeschrumpft. Die kulturelle Mischung dort war bezaubernd und beeinflusst mich bis heute.

Was hat dich geprägt? Was hast du von deinen früheren Nachbarinnen und Freundinnen über die Welt um dich herum gelernt?

In dem Haus wohnten nur Eingewanderte. Wir kamen aus

Nigeria und waren Igbo, Tayo und seine Töchter kamen auch aus Nigeria, waren aber Yoruba. Clive, Sharon und ihr Sohn kamen aus Jamaika. In diesem kleinen Haus waren meine Schwester und ich den unterschiedlichsten kulturellen Einflüssen ausgesetzt.

Während meine Mum als Krankenpflegerin arbeitete und sich um frischgebackene Mütter und deren Kinder kümmerte, passten diese gutherzigen, bodenständigen Nachbarn auf meine Schwester und mich auf. Mal gingen wir zu Tayo und seinen Töchtern und zogen dann zu Clive und seinem liebenswürdigen braunschwarzen Pitbull weiter. Mal verbrachten wir unsere Zeit bei Sharon und ihrem Sohn Benjamin.

Im Alter von zehn oder elf Jahren kannte ich die unterschiedlichsten Speisen und Musikrichtungen. Bei Clive und Sharon lief meist Reggae, wobei Clive männliche und Sharon weibliche Gesangsstimmen bevorzugte. Tayo spielte Yoruba-Musik und britischen Pop. In seiner Wohnung sahen wir zum ersten Mal einen Disneyfilm, denn er hatte als Einziger im Haus einen Videokassettenspieler. Manchmal kamen Benjamin, Tayos Töchter, meine Schwester und ich alle in einer Wohnung zusammen. Dann aß Benjamin mit uns Jollof-Reis und wir waren wie eine richtige Familie. Damals lernte ich, was eine »Wahlfamilie« ist. Denn wenn deine leibliche Familie dir nicht geben kann, was du dir wünschst, kannst du selbst entscheiden, wer Familie für dich ist.

Ich hatte in diesem Haus und mit diesen Menschen die glücklichste Kindheit, die ich mir vorstellen kann, und die schönen Erinnerungen an diese Zeit prägen mich bis heute.

Ich habe damals auf kleinstem Raum so viel über die Welt gelernt, weil wir alle so unterschiedlich waren und gleichzeitig doch so viel gemeinsam hatten. Clives kurzbeiniger, kräftiger, witziger Pitbull hat meine Liebe zu Hunden geweckt und meiner Mutter die Angst vor ihnen genommen. In Nigeria, wo sie herkommt, werden Hunde meist draußen als Wachhunde gehalten. Sie sind gefährliche Tiere, von denen man sich lieber fernhält. Anfangs traute sie dem Pitbull daher nicht über den Weg. Meine Schwester und ich aber liebten ihn über alles – und er uns auch. Nach einer Weile, als meine Mutter sah, wie behutsam und beschützend der Pitbull in der Wohnung mit uns umging, begann sie Hunde mit anderen Augen zu sehen.

Manchmal braucht es eben nicht mehr, um die eigenen Ängste zu überwinden, als sich ihnen zu stellen und zu sehen, was sich tatsächlich hinter ihnen verbirgt. Heute habe ich zwei süße Hunde, Caleb und Gigi, und meine Mutter liebt sie so sehr, dass wir uns bei unseren Telefonaten manchmal nur darüber unterhalten, wie es den beiden gerade geht. *Wann kann ich sie wiedersehen? Wann kommen sie mal wieder zu mir?* Das nenne ich Wachstum.

Gemeinsam haben wir in dem Haus neue Gerichte, Tänze und Umgangsformen kennengelernt – neu, aber dennoch erstaunlich vertraut.

Als Schwarze Frau scheint es manchmal so, als nutzte die Welt die afrikanische Diaspora, um uns glauben zu lassen, dass wir alle sehr verschieden sind. Allein in Nigeria gibt es die Hausa, Yoruba, Igbo und viele weitere Gruppen, und obwohl sich unsere Traditionen leicht unterscheiden, sind wir eigentlich gar nicht so verschieden. Die vielen Kategorien sollen uns glauben lassen, dass wir nicht gleich sind. Aber wenn man genauer hinsieht, verschwimmen die Trennlinien fast vollständig.

Nehmen wir einmal das Essen. Mein nigerianisches Lieblingsgericht ist Okra-Suppe. Wenn man heute in New Orleans Gumbo, ein für Louisiana typisches Gericht, bestellt, bekommt man etwas, das von Okra-Suppe kaum zu unterscheiden ist. In beiden Eintöpfen ist Okra eine Hauptzutat und sorgt für die richtige Konsistenz. Beide sind herzhaft und vollmundig und enthalten häufig auch verschiedene Fleischsorten oder Meeresfrüchte. Beide werden mit stärkehaltigen Beilagen serviert. (Okra-Suppe isst man mit einem sogenannten *swallow*, etwa Yam, Fufu, Eba oder gemahlenem Reis.) Außerdem werden von beiden Gerichten meist große Mengen zubereitet, was auf Gemeinschaft und Tradition hindeutet.

In Puerto Rico isst man Mofongo, ein Gericht aus zerdrückten Kochbananen, Knoblauch, Olivenöl und Schweinefleisch. Der nigerianische Yam-Brei ist davon kaum zu unterscheiden.

Diese Gerichte haben, wie die Menschen, die sie zubereiten, ihren Ursprung an denselben oder ähnlichen Orten.

Wie unser Haus.

Wie Musik, Gelächter, Trauer und Freude.

Essen, Menschen, Musik.

Wir sind uns alle viel ähnlicher, als wir meinen.

6

Was ich weiß und was ich nicht weiß

Fun Facts über meinen Vater:

Ich weiß nicht, wie alt er ist.
Ich weiß nicht, wann er Geburtstag hat.
Ich weiß nicht, welchen Beruf er ausübt.
Ich weiß nicht, wie seine Eltern heißen.
Ich weiß nicht, was er mag und nicht mag.
Ich weiß nicht, ob er an Gott glaubt.
Ich weiß nicht, ob er eine Lieblingsfarbe hat.
Ich kenne seinen Lieblingssong und seine Lieblingsband nicht.
Ich kenne seine Adresse nicht.
Ich kenne seine Telefonnummer nicht.
Kurzum: Ich weiß nicht besonders viel über ihn.
Ich war sechzehn Jahre alt, als er mich allein in der Londoner U-Bahn stehenließ, nachdem wir uns wegen einer Fahrkarte gestritten hatten.

Er sagte mir, er wolle nichts mehr mit uns zu tun haben, und ich war wie erstarrt. Mein Kopf war leer. Keine Gedanken, nur Verwirrung und Stille. Und dann ging er.

Zuerst fühlte es sich an, als wäre ich frontal gegen eine Mauer gerannt: Schmerz. Dann übermannten mich meine Gefühle. Ich weinte so sehr, dass ich kaum noch atmen oder sehen konnte. Erst als ich am falschen Bahnsteig ankam, merkte ich, dass ich in die falsche Richtung gelaufen war. Also ging ich immer noch weinend zurück.

Und als ich den richtigen Bahnsteig gefunden hatte, sah ich ihn. Er ging direkt auf mich zu. Ich hielt den Atem an. Vielleicht würde er sich entschuldigen. Vielleicht würden wir diesen Streit einfach vergessen. Vielleicht hatte er bemerkt, dass etwas nicht stimmte, und kam zurück, um …

Aber noch bevor sich diese Fantasien in Hoffnung verwandeln konnten, war er schon an mir vorbeigegangen. Ohne Augenkontakt. Wortlos.

Ich war Nichts. Eine Lücke, leerer Raum. Von diesem Moment an habe ich für ihn aufgehört, zu existieren. Ich habe nie wieder mit ihm gesprochen.

Ich weiß nicht viel über meinen Vater, aber ich weiß Folgendes:

Wie er heißt.
Dass er pfeifen kann.
Dass er immer lederne Bomberjacken trug.
Ich glaube, sein Lieblingsbier war Tennent.
Sein Lieblingsessen war ein traditionelles nigerianisches
Gericht aus gemahlenem Reis oder Gari
mit Egusisuppe oder Ogbonosuppe.

Wir haben beide eine Lücke zwischen den
Schneidezähnen
und mein Vater kann
aus Ironie des Schicksals
(und weil Gott Humor hat)
singen.

7

Magie ist überall

Ich wollte schon immer auf der Bühne stehen und ergriff jede Gelegenheit dazu. Als ich etwa elf Jahre alt war, kam eine Theatergruppe an meine Schule, um Kinder für ihr Sommerprogramm zu finden. Sie wählten mich. Wir haben eine absurde Musicalversion von Bertolt Brechts *Der kaukasische Kreidekreis* aufgeführt, und ich spielte die Königin. Es war eine fast magische Erfahrung. Wir hatten nur einen leeren Raum ohne Bühnenbild, Laken als Kostüme und eine improvisierte Krone. Damals habe ich etwas Wichtiges gelernt: Gemeinsam kann man auch aus dem Nichts etwas Fantastisches erschaffen.

Allein mit unserer Vorstellungskraft. Ich konnte sein, wer ich wollte! Ich entdeckte meine eigene Magie und war begeistert.

Welche Art von Magie hast du in deiner Kindheit entdeckt?

Gleichzeitig lernte ich damals, meine Stimme zu kontrollieren. Ich probierte alles Mögliche aus und brachte die unterschiedlichsten Töne hervor. So konnte ich die Gefühle meiner Zuhörerinnen und Zuhörer bewusst beeinflussen. Ich begann also, die technischen Seiten des Singens zu verstehen.

Aber meist auf spielerische Weise. Dafür ist die Kindheit schließlich da.

Als ich fünfzehn Jahre alt war, begleitete ich eine Freundin zu einem Vorsprechen für *Romeo und Julia* an einem Jugendtheater, dem Young Vic. Damals wusste ich noch nicht, dass das Haus für seine jungen, aufstrebenden Talente bekannt war. Die Produktionen, die auf der Hauptbühne liefen, wurden dort auch als Jugendversionen adaptiert. Ich hatte Lust, zu spielen und hätte mich auch vorgestellt. Aber ich hatte zu spät von dem Vorsprechen erfahren und mich daher nicht vorbereitet.

Ich war nur mitgekommen, um meine Freundin zu unterstützen.

Die Intendantin, Rae McKen, sah mich. »Warum stellst du dich nicht auch vor, wenn du schon mal da bist?«, fragte sie. »Was hält dich davon ab?«

»Na gut, ich versuche es.«

Ich war überhaupt nicht vorbereitet, gab aber alles.

Und Überraschung:

Ich wurde Julia.

So kann es gehen, wenn man etwas riskiert. Natürlich nicht immer, aber wenn wir nie etwas wagen, werden wir nie wissen, was möglich gewesen wäre.

Rae McKen, die Intendantin, hat meinen weiteren Weg Jahre später noch stark beeinflusst. Dazu wäre es nicht gekommen, wenn ich nicht bereit gewesen wäre, ins kalte Wasser zu springen.

Wann und wo hast du einmal etwas Neues ausprobiert, obwohl du nicht vorbereitet warst? Hat dich diese Erfahrung dazu ermutigt, weitere Risiken einzugehen, oder hast du danach den

Kopf in den Sand gesteckt? Egal, wie es ausgegangen ist – du kannst es immer wieder versuchen.

Aus dieser Zeit erinnere ich mich am meisten an dieses magische Bühnengefühl. Ich spürte es jedes Mal, wenn ich die Schwelle zum Theater überschritt. Und nach diesem Gefühl strebe ich seitdem jeden Tag.

Wenn du im Laufe deines Lebens die Magie einmal verpasst hast, wisse, dass sie irgendwo nur darauf wartet, doch noch von dir eingefangen zu werden.

Magie ist überall. Du musst nur nach ihr greifen.

8

Sehen und gesehen werden

Ich war auf einer katholischen Mädchenschule und hatte viele inspirierende, fantastische Lehrerinnen. Madame Chesley beispielsweise, die mich immer dazu anhielt, Französisch mit ihr zu sprechen. Und jetzt liebe ich diese Sprache. Madame Chesley sah aus, als wäre sie geradewegs aus einem Roman spaziert, und ich war ehrlich gesagt ein bisschen verknallt in sie. Sie war diese elegante Pariser Dame mit wallendem Haar und runden Brillengläsern und durch und durch französisch. Sie war unglaublich liebevoll und einfühlsam. Sie hat meine Liebe zur französischen Sprache ernst genommen. Sie hat gemerkt, dass meine Stärke eher im Sprechen als im Schreiben liegt, und ermutigte mich daher, einfach weiterzusprechen. Sie ist der Grund, warum ich die französische Sprache bis heute liebe. Sie hat meine Leidenschaft gesehen und genährt, und sie hat mir beigebracht, hart für meine Ziele zu arbeiten. Ich schätze mich glücklich, dass ich intellektuell und kreativ so intensiv gefördert wurde.

Auch meine Musiklehrerin Miss Helen Rycroft war fantastisch. Niemand außer mir hat sie wirklich verstanden. Sie spielte die griesgrämige Lehrerin, die Menschen nicht leiden kann. Aber unter der harten Schale lag ein wunderbarer Humor und eine große Klugheit. Außerdem war sie immer sehr nett zu mir. Immer. Sie hat mich sofort durchschaut. *Ich weiß, wie du tickst! Du bist Musikerin. Das sehe ich dir an. Und ich werde dafür sorgen, dass das auch so bleibt.*

Wollen wir das nicht alle? Andere sehen und verstehen und selbst von ihnen gesehen und verstanden werden?

Miss Rycroft nahm mich unter ihre Fittiche und brachte mir bei, Klarinette zu spielen und Noten zu lesen. Dann gab sie mir Bratschenunterricht. Sie ermöglichte mir alles, was ich musikalisch ausprobieren wollte, obwohl das an meiner Schule gar nicht so üblich war. Sie wollte sicherstellen, dass mein Hunger nach Musik und Bühnenauftritten gestillt wird.

Ich studierte im Schulchor klassische Stücke ein. Miss Rycroft ließ mich immer ein Solo singen und gab mir Privatunterricht. Sie nahm mich zur Seite und ließ mich Schuberts Lieder, Händel oder Beethoven singen und erweiterte so mein musikalisches Repertoire.

Gemeinsam mit Miss Asefo-Adjei, unserer Naturkundelehrerin, organisierte Miss Rycroft für uns immer wieder Auftritte mit einem großen Chor. Jedes Jahr sangen wir Requiems und große Chorstücke mit allen Stimmen. Tenor. Bass. Sopran. Alt. Mezzosopran. Die Stimmen durchdrangen und kontrastierten einander und erschufen ein unglaublich weites, vielschichtiges Klangerlebnis. Manchmal gab es zwischen den Gesangsteilen Rezitative, also Solostimmen, die in einem normalen Sprechrhythmus vorgetragen werden. Wir haben lange Stücke mit mehreren Abschnitten wie *Carmina Burana* gesungen. Allein bei der Erinnerung daran bekomme ich eine Gänsehaut.

Das erhabene Gefühl, das mich bei Chorauftritten durchflutete, begleitet mich bis heute. Diese Erinnerungen erfüllen mich immer wieder mit Staunen und machen mir bewusst, wie unglaublich schön Musik sein kann. Sie dringt bis in unser Innerstes vor und weckt Gefühle, von denen wir noch nicht einmal selbst wussten, dass sie in uns stecken.

Aber der Weg zu unseren Lieben, unseren Leidenschaften, verläuft nicht immer gerade. Manchmal bewegen wir uns auf der Suche nach unserer Bestimmung und unseren Gaben in Schlangenlinien. Während meiner Zeit an der Sekundarschule hatte ich beispielsweise trotz meines Talents und meiner Begeisterung für die Musik eine Phase, in der ich mich nur noch für Biologie interessierte. Ich beschloss, weder Sängerin noch Schauspielerin, sondern Wirbelsäulenchirurgin zu werden! Ich war sehr gut in naturwissenschaftlichen Fächern und hielt mich selbst für eines dieser Kinder, denen alle Wege offenstanden. Ich hängte mich richtig rein und bestand alle Prüfungen mit Bravour. Ich mochte den Erfolg, und die guten Noten spornten mich weiter an. Heute weiß ich, dass ich einfach nur dazugehören wollte. Die anderen Kinder in meiner Klasse waren alle sehr intelligent. Sie wollten Anwältinnen, Krankenpfleger, Ärztinnen oder Tierärzte werden. Und ich wollte auch so sein, eine von ihnen. Denn die wenigsten Kinder an meiner Schule wollten später einmal auf der Bühne stehen.

Eigentlich gab es nur eine, die das wollte. Mich. Nur mich.

Manchmal kann es ein bisschen einsam sein, seinen eigenen Weg zu gehen. Daher kann es schon mal vorkommen, dass man einen kleinen Umweg macht, um sich als Teil einer Gemeinschaft zu fühlen. So war das bei mir. Aber irgendwann verblasste der Traum von der Wirbelsäulenchirurgie auch wieder. Unter anderem, weil meine Lehrerinnen mein Talent erkannten und mich zum Singen und Schauspielen animierten. Die Saat, aus der später meine Karriere erwuchs, wurde von diesen Lehrerinnen gesät. Sie haben gesehen, wer ich bin, und zugelassen, dass ich sehe, wer sie sind. Ich bin jeder einzelnen von ihnen unendlich dankbar.

Wer sind die Menschen, die dich wachsen lassen? Jene, die du siehst, und die auch dich so sehen, wie du bist?

Wem hilfst du dabei, zu wachsen?

9

Die Farben der Musik

Ich liebe es, mir Aufnahmen von John Rutters *Requiem* anzuhören. Ich habe es in der Sekundarschule aufgeführt und war so stolz, etwas so Schönes und Schwieriges singen zu können. Und dann natürlich *Carmina Burana*. Wir haben dieses Stück in der Schulkapelle aufgeführt. Mir kam diese Kapelle riesig vor, aber wenn man klein ist, wirkt alles viel größer. Wahrscheinlich ist sie in Wahrheit deutlich kleiner als in meiner Erinnerung.

Die Wände der Kapelle erzeugten ein Echo. Die Klänge hallten lange nach und bekamen ein unglaubliches Volumen. Ich liebte es, *Carmina Burana* zu singen, und konnte es kaum erwarten, zu proben und mich von all den einander durchdringenden Stimmen und Instrumenten durchfluten zu lassen. Wir erschufen etwas, das größer war als die Summe seiner Teile. Ich liebte es, Teil dieser Klänge sein zu dürfen, und staunte darüber, dass wir gemeinsam etwas so Erhabenes und Großartiges hervorbringen konnten. So etwas hatte ich noch nie erlebt: reine, klassische Musik. Bevor Miss Rycroft mich zum Singen animierte, hatte ich noch nicht einmal gewusst, dass ich solche Töne hervorbringen konnte. Dass ich zu so etwas fähig war.

In dieser Zeit geschah noch etwas anderes, das mir damals gar nicht so bewusst war. Die Erfahrung des Singens in der Kapelle war keine rein auditive. Es war auch eine physische Erfahrung. Manchmal erlebe ich Musik nämlich als Farben. Ich höre sie nicht nur, sondern sehe sie. Ich fühle die Musik mit allen Sinnen und habe eine körperliche Reaktion auf sie. Sie erfüllt buchstäblich meinen Körper.

Ich wusste nicht, was ich da fühlte und dass das gar nicht so üblich ist. Ich hatte keine Worte, um darüber zu sprechen.

Ich habe Jahre gebraucht, um es zu verstehen. Als ich zwanzig war, haben wir an der Schauspielschule, die ich besuchte, *Musicophilia* von Oliver Sacks gelesen. Erst da begriff ich, dass ich Synästhetikerin bin. Jahrelang hatte ich mich gefragt: *Warum fühle ich mich so? Ich kann nicht einmal richtig beschreiben, was ich da sehe. Ich mag diese Erfahrung, aber andere Menschen scheinen nicht das Gleiche zu erleben. Meine Erfahrung ist anders, vielleicht tiefer.*

Im Alter von achtzehn bis zwanzig Jahren habe ich häufig als Background-Sängerin gearbeitet und in Nachtclubs gesungen. Aber auch damals wusste ich nicht, was mit mir los war. In einem der Clubs, in denen ich regelmäßig arbeitete, dem Arts Club, haben wir oft einen Song von Florence + The Machine performt. Immer, wenn wir diesen Song sangen, war es für mich, als wäre der ganze Raum mit Gold überzogen. Überall, wo ich hinsah, war dieses wunderschöne, goldgelbe Schimmern. Ich konnte nicht genug davon bekommen. Ich wusste nicht, wie ich diese Erfahrung beschreiben sollte, und bat immer wieder darum, den Song noch einmal singen zu dürfen. Wenn er für einen Abend nicht vorgesehen war, fragte ich, ob er nicht doch noch auf die Setliste gesetzt werden konnte.

Keiner verstand das. Alle wunderten sich, warum ich so versessen auf diesen Song war. Und ich konnte es ja selbst nicht erklären. Ich wusste nur, dass ich ihn singen musste.

Wir wissen nicht immer, warum wir zu etwas Bestimmtem berufen sind. Wir wissen nur, wie sich dieser Wunsch im Bauch anfühlt. Und wir wissen, wie man »Ja« zu ihm sagt.

10

Keine Worte für die Liebe

In der Familie, in der ich aufwuchs, wurde über Queerness nicht gesprochen. Ich glaube, meine engsten Freundinnen und Freunde wussten schon lange, dass ich queer bin. Vielleicht sogar vor mir.

Ich fand es mit etwa fünfzehn Jahren heraus, hatte aber keine Worte dafür. Es gab sie in meinem Wortschatz nicht. Ich wusste, dass ich mich sowohl zu Männern als auch zu Frauen hingezogen fühlte. Ich fühlte mich schlicht zu Menschen hingezogen. Ich war ständig in irgendwen verknallt. Aber wie bei der Synästhesie hatte ich für diese Gefühle keine Worte.

Erst in der Sekundarschule hatte ich keine Zweifel mehr. Ich war, ohne es selbst zu merken, in ein Mädchen verknallt. Wir haben alle natürlich ständig irgendwelche anderen Mädchen an unserer Schule bewundert, aber das hier fühlte sich anders an. Eines Tages haben dieses Mädchen und ich uns zu einem Ausflug verabredet, aber sie kam nicht. Ich wartete und wartete. Ich dachte, sie habe vielleicht nur die Zeit vergessen. Irgendwann tauchte sie dann viel zu spät auf und ich erwähnte mit keinem Wort, dass ich ewig auf sie gewartet hatte, weil ich sie nicht verärgern wollte. Ich warf ihr ihr Verhalten nicht vor, weil ich von ihr gemocht werden wollte.

Und tatsächlich fragte sie mich nach einem weiteren Treffen. Das zweite Mal ließ sie mich jedoch noch länger warten. Nach anderthalb Stunden, vielleicht war es auch länger, realisierte ich mit einem Schlag, dass sie ein Spielchen mit mir spielte. Es war wie ein Weckruf.

»Ich gehe nach Hause!«, rief ich und wartete nicht weiter auf sie.

Stattdessen gab ich mir selbst ein Versprechen. Nie wieder würde ich mich von ihr abhängig machen. Ich brauchte eine Weile, um zu verstehen, dass ich in sie verknallt gewesen und ihr deswegen wie ein kleines Hündchen überallhin gefolgt war.

Meine Gefühle für sie machten mir Sorgen. Ich sprach mit niemandem darüber, weil ich keine Worte dafür hatte.

Außerdem hatte ich Angst.

Niemand in meinem Freundeskreis sprach über queere Sexualität und ich konnte auch mit meiner Mutter und Schwester nicht darüber reden.

Ich fürchtete mich einfach zu sehr. Wenn man jung ist, weiß man, was andere »nicht gut« finden, ohne dass es überhaupt ausgesprochen werden muss.

Mein ganzes Leben lang hatte ich immer gut sein wollen, und jetzt machte ich mir Sorgen. Was, wenn es in mir drin etwas gab, das mich dazu verdammte, für immer »nicht gut« zu sein?

Also verschwieg ich meine Sexualität nach diesem Erlebnis. Erst später, an der Schauspielschule, habe ich mit Menschen, bei denen ich mich sicher fühlte, darüber gesprochen. Ich nahm all meinen Mut zusammen und fragte andere, wie sie sich innerlich fühlten. Ich wollte wissen, ob ich zu diesem Teil von mir stehen und trotzdem »gut« sein konnte. Zu dieser Zeit datete ich noch ausschließlich Männer. Ich glaube, ich habe erst mit Ende zwanzig angefangen, Frauen zu daten.

Langsam lernte ich, mich selbst besser zu verstehen – und zu akzeptieren. Ich stand zu mir selbst. Das war der erste Schritt. Wenn wir mit uns selbst im Reinen sind und andere immer noch ein Problem mit uns haben – dann ist das *deren* Problem, nicht unseres. Ich habe lange gebraucht, um das zu verstehen.

Und es hat noch länger gedauert, bis ich mit meiner Mutter und Schwester über meine Queerness sprechen konnte. Ich hatte Angst vor Ablehnung. Schließlich war ich schon von meinem Vater verlassen worden. Ich wollte sie nicht auch noch verlieren. Aber irgendwann sprachen wir darüber, und es war ein gutes, befreiendes Gespräch – auch wenn es nicht zu der bedingungslosen Akzeptanz geführt hat, die ich mir gewünscht hatte. Jedenfalls nicht sofort.

So ein Gespräch muss man mit viel Feingefühl führen, und dieser Prozess ist bis heute noch nicht abgeschlossen.

Meine Queerness widerspricht dem, was viele Leute für gut und richtig halten; ich glaube, meine Mutter sorgt sich darum, was andere über uns denken könnten. Aber sie beginnt zu verstehen, dass mir die Meinungen anderer Leute völlig egal sind. Und ich weiß, dass sie sich Mühe gibt, die Vorstellungen und Pläne, die sie für mich hatte, zu überdenken und nach und nach loszulassen. Ich weiß auch, dass das nicht einfach für sie ist. Sie wiederum weiß, dass ich ein eigenständiger Mensch bin. Dass ich wählen kann, wen ich liebe. Sie beginnt zu verstehen, dass meine Queerness keinesfalls ein Mangel ist, sondern mich vielmehr bereichert.

Denn queer sein ist mehr als genug.

Meine Schwester braucht etwas länger, aber wir haben kürzlich ein paar Hürden überwunden und finden wieder zueinander. Wir haben uns damit abgefunden, dass ich einfach ich selbst bin, und ich wünsche ihr, dass auch sie so gut es geht sie selbst sein kann. Denn am Ende läuft es doch darauf hinaus: Wenn ich dir den Raum gebe, ganz du selbst zu sein, möchte ich, dass auch du mir diesen Raum gibst.

Langsam begreifen wir das.

Früher haben wir schwierige Gespräche oft gemieden, aber jetzt sage ich zu ihr: »Wenn du je Fragen hast oder über etwas sprechen möchtest, das dich bedrückt, nur los. Wir sind doch Schwestern. Dass wir die Dinge auch mal anders sehen, heißt nicht, dass ich dich weniger liebe oder du mich weniger liebst. Es heißt einfach, dass wir im Gespräch bleiben und gemeinsam wachsen.«

In gewisser Weise bedeutet es, dass wir beide einander erlauben, mehr zu sein, als die jeweils andere von uns sich vielleicht vorstellen konnte. Mehr als genug.

Denn ich prüfe immer, ob ich den Menschen, die ich liebe, erlaube, mehr als genug zu sein.

Meine Schwester ist einzigartig; sie ist besonders; sie ist unglaublich klug. Und schüchtern. Liebevoll. Wahnsinnig kreativ; sie stellt eigene Kosmetikprodukte her, und sie sind richtig gut! Sie ist eine leidenschaftliche Abenteurerin und Solo-Weltreisende. In Wahrheit bewundere ich sie, und das sollte ich ihr häufiger sagen.

Gibt es Menschen in deinem Leben, die du dabei unterstützen kannst, ganz sie selbst zu sein? Kannst du ihnen dieses Geschenk machen?

Oder macht es dir vielleicht Angst, bei einem besonderen Menschen in deinem Leben du selbst zu sein? Aber vielleicht wagst du es ja doch? Öffne die Tür und lass dich überraschen.

11

Was die Langeweile mich lehrte

Tagsüber ging ich zur Universität und studierte Musikpsychologie. Bei diesem Fach geht es darum, wie Musik den Geist und die Psychologie einer Person beeinflusst, warum ein Lied in Moll uns traurig und eines in Dur uns fröhlich stimmt. Ich habe gelernt, inwiefern die Musik unseren sozialen Status prägt und wie sie unsere soziale Umgebung beeinflusst. Ich habe Aufsätze darüber geschrieben, was beim Musikhören im Kopf eines Menschen passiert, wie Synapsen Gefühle transportieren, wie Tränen fließen.

Aber nachts, in den Nachtclubs, sah ich bei meiner Arbeit als Background-Sängerin mit eigenen Augen, was Musik mit Menschen machen kann. Und eines Tages verstand ich es. Ich hatte anderthalb Jahre lang gelernt und Fragen gestellt und gelesen und Prüfungen bestanden. Aber ich hatte dabei nichts gelernt, was ich nicht sowieso intuitiv wusste. Das Studium begeisterte mich nicht. *Überhaupt nicht.* Alles lief gut, aber mir war langweilig. Todlangweilig. Ich lernte nichts, war nicht in Verbindung, fühlte nichts.

Gar nichts.

Da hörte ich wieder diese Stimme: *Das hier ist nicht richtig. Das hier wünschst du dir nicht.*

Also folgte ich der Stimme. Ich brach das Studium ab und machte mich auf die Suche nach etwas, das mich begeistert.

Ein neuer Schritt.

Eine neue Lektion.

Wenn dein Leben dich langweilt, ist es nicht dein Leben.

12

Kleiner Schubser, große Wirkung

Damals an der Uni verbrachte ich viel Zeit am Stratford Theatre Royal in East London, das ganz in meiner Nähe lag. Wenn Erlebnisse die Saat unseres Lebens sind und Orte der Boden, in dem diese Saat aufgeht, dann war das Stratford Theatre für mich äußerst fruchtbare Erde.

Ich suchte mir einen Job am Theater, weil ich so viel Zeit wie möglich dort verbringen wollte. Die Tätigkeit selbst war mir dabei ziemlich egal: Ich verkaufte Tickets an der Kasse, servierte in der Pause Getränke an der Bar und war als Platzanweiserin tätig. Kurzum: Ich war Mädchen für alles. Und ich verfolgte jede Inszenierung mit großer Begeisterung. Mit der Zeit nahmen meine Wünsche immer deutlicher Gestalt an. Ich beobachtete die Darstellerinnen und Darsteller auf der Bühne, wie sie im Licht der Scheinwerfer sangen und in verschiedene Rollen und Kostüme schlüpften. Sie erschufen genau die Magie, die mich schon als Kind so fasziniert hatte.

O mein Gott. Das ist es. Das will ich machen. Genau da, auf dieser Bühne, will ich auch stehen!

Ungefähr zu der Zeit, als ich die Uni verließ, wurde im Theater gerade die Besetzung für ein Stück namens *The Harder They Fall* gecastet. Ich nahm also all meinen Mut zusammen und fragte, ob ich vorsprechen dürfe.

»Nein«, lautete die Antwort.

Natürlich war ich am Boden zerstört. »Warum nicht?«, fragte ich.

»Weil du keine Erfahrung hast und wir noch nicht gesehen haben, wie du arbeitest.«

»Ich kann das. Sie können sich darauf verlassen.«

Doch meine Worte stießen auf taube Ohren.

Fest entschlossen, die Theaterleitung vom Gegenteil zu überzeugen, meldete ich mich zu einem Kurs der Young Actors Company an, der am Theater angeboten wurde. Am ersten Kurstag stand ich gerade an der Kasse und bereitete mich vor, als zwei Leute das Theater betraten. Ich kannte natürlich die meisten, die dort ein und aus gingen. Doch eine der beiden Personen, die vor mir standen, kannte ich noch aus meiner Vergangenheit. Ich traute meinen Augen kaum.

Es war Rae McKen, die Frau, die vor fünf Jahren bei der Aufführung von *Romeo und Julia* Regie geführt hatte. Sie hatte mich auf der Bühne erlebt und wusste, was ich konnte. Und nun stellte sich heraus, dass sie den Kurs unterrichten würde, zu dem ich mich angemeldet hatte. Das hatte ich nicht gewusst.

Rae erinnerte sich an mich und nahm mich noch vor Kursbeginn beiseite.

»Hast du vor, eine Ausbildung zu machen?«

»Ausbildung?« Ich hatte keine Ahnung, was sie damit meinte.

»Willst du auf die Schauspielschule gehen?«, fragte sie.

Ich wusste nicht mal, was eine Schauspielschule ist.

»Dort bekommst du eine richtige Ausbildung«, erklärte sie. »Wenn du Schauspielerin werden möchtest, solltest du eine Schauspielschule besuchen.«

Darüber hatte ich noch nie nachgedacht, und auch wenn ihre Frage ein Stupser in die richtige Richtung war, wusste ich nicht, wie das überhaupt möglich sein sollte.

Diese Welt war mir vollkommen fremd. Natürlich sang ich schon mein Leben lang. Allerdings hatte mir noch nie jemand empfohlen, meinen Wunsch, eines Tages auf der Bühne zu stehen, mithilfe eines Studiums zu verwirklichen. Ich hätte auch gar nicht gewusst, wo ich anfangen sollte.

»Ich finde, du solltest an die RADA gehen«, meinte Rae. »Die Royal Academy of Dramatic Arts.«

Meine Antwort kam wie aus der Pistole geschossen:

Nein.

Das war völlig ausgeschlossen – schon allein deswegen, weil der Schulname die Worte *Royal Academy* enthielt. Keine junge Schwarze Frau aus dem Londoner Süden würde in irgendeine Royal Academy aufgenommen werden.

»Das ist eine Schnapsidee«, sagte ich. »Das mache ich auf keinen Fall.«

Doch Rae ließ sich nicht beirren.

»Tja, wenn du dich nicht bewirbst, kannst du an diesem Kurs leider nicht teilnehmen«, erwiderte sie.

Ich war sprachlos. »Wie meinen Sie das?«

»Na, wenn du heute Nachmittag nicht in mein Büro kommst und dich an dieser Schule bewirbst, darfst du nicht an meinem Kurs teilnehmen.«

Also stimmte ich zu. Weil ich den Kurs unbedingt machen

wollte – ich wusste einfach, dass ich ans Theater gehörte. Aber ich war auch extrem genervt, dass sie mich dazu zwang.

Gibt es Leute in deinem Leben, die dich auf einen bestimmten Weg lenken wollen? Was würde wohl passieren, wenn du ihrem Rat einfach mal folgst?

Was ich damals nicht wusste: Jedes Jahr bewerben sich Tausende angehende Schauspielerinnen und Schauspieler bei der RADA in der Hoffnung, einen der heiß begehrten Studienplätze zu ergattern. Die Aufnahmeprüfungen finden nicht nur in London statt, sondern in ganz Großbritannien und Nordirland, aber auch in Dublin, New York und Los Angeles. Die RADA gilt als eine der renommiertesten Schauspielschulen der Welt.

Ich bin froh, dass ich das damals nicht wusste. Weil ich mich nämlich nur an der RADA beworben hatte und nirgendwo sonst. Einfach nur, um Rae zu ärgern.

13

Es ist genug für alle da

Wenig später wurde ich zur Vorauswahl an der RADA eingeladen, auch wenn ich fest überzeugt war, dass ich keine Chance hatte. Ich war immer noch sauer, dass Rae mich dazu gezwungen hatte, dachte mir aber: Wenn es schon sein muss, dann ziehe ich das jetzt auch durch. Immerhin konnte ich so ein wenig Erfahrungen im Vorsprechen sammeln. Trotzdem war mir klar, dass ich eine solche Ausbildung weder wollte noch brauchte. Und so kleidete ich mich möglichst leger in Jogginghose und einem schlichten Top. Zudem trug ich ein Headwrap, eine typisch afrikanische Kopfbedeckung. Ich hatte nicht vor, mir groß Mühe für etwas zu geben, das sowieso unmöglich war.

Falsch gedacht! Ich schaffte es in die zweite Runde. Nach wie vor machte ich mir keine großen Hoffnungen. Während der sogenannten Recall Audition stellte man mir die Frage, ob ich mich auch bei anderen Schauspielschulen beworben hätte oder ob ich mich nächstes Jahr wieder bewerben würde, falls es dieses Mal nicht klappte.

Mittlerweile hatte ich verstanden, wie hart umkämpft dieser Weg war und wie viele Leute sich mehrfach bewarben oder schließlich an einer Schule landeten, die nur ihre zweite oder dritte Wahl gewesen war.

Ich kannte die richtige Antwort. Natürlich sollte ich »Ja« sagen, um ihnen zu zeigen, wie ernst es mir war. Und es lag mir auch schon auf der Zunge, aber dann kam etwas ganz anderes heraus.

»Nein«, sagte ich, und plötzlich wurde es mucksmäuschenstill. »Ich will nirgendwo anders hin.« Das war mein voller Ernst, aber die gesamte Prüfungskommission fing an zu lachen.

Ich hatte Angst, es vermasselt zu haben. Später jedoch betrachtete ich dieses kurze Gespräch mit anderen Augen. Vielleicht war es eine der wenigen ehrlichen Antworten, die sie an diesem Tag gehört hatten. Ich hatte nur deshalb die Wahrheit gesagt, weil ich dachte, dass sie mich sowieso nicht aufnehmen würden. Aber es schien, als hätte ich sie mit meiner entwaffnenden Ehrlichkeit überzeugt. Einfach nur, indem ich mich nicht verstellt hatte.

Außerdem wurde mir klar, dass ich mit meinem Auftreten eine bestimmte Arbeitsmoral zum Ausdruck brachte, auch wenn ich deren volles Ausmaß zu diesem Zeitpunkt noch nicht ganz sehen konnte. Ich hatte mich so präsentiert, wie ich wirklich war, mit Jogginghose und Headwrap, weil ich mir sicher war, dass ich sowieso eine Absage bekommen würde. Doch der Prüfungskommission vermittelte meine Kleidung, dass ich bereit war, sofort loszulegen. Die Dinge, von denen ich annahm, dass sie gegen mich sprachen, wurden also in Wahrheit zu meinen Gunsten ausgelegt, da ich einfach ganz und gar ich selbst war.

In der letzten Bewerbungsrunde sollten wir alle einen ganzen Tag lang schauen, wie die Zusammenarbeit zwischen uns funktionierte. Ich sollte einen Monolog vorbereiten und ihn vor den anderen Bewerberinnen und der Fakultät vortragen. Eine andere Frau erhielt denselben Monolog. Sie war vor mir an der Reihe und fing an zu sprechen, aber dann verriet mir ihr panisches Gesicht, dass sie den Faden verloren hatte. Ich zögerte keine Sekunde und flüsterte ihr die nächste Zeile zu. Es passierte ganz automatisch. *Jetzt kommt diese Zeile, danach diese.* Bald hatte sie sich wieder gefangen und schaffte es, ihren Monolog zu beenden, und das sogar sehr gut. Ich verschwendete keinen Gedanken daran, dass ich vielleicht eine bessere Chance gehabt hätte, wenn sie versagt hätte. Dass ich mit genau dem Monolog hätte glänzen können, der ihr zum Verhängnis geworden war. Für mich war es die natürlichste Sache der Welt, ihr zu helfen.

Und auch das wurde mit der Zeit zu einem festen Bestandteil meiner Arbeitsethik. Denn wie der Zufall es wollte, wurden wir am Ende beide an der Schule angenommen. Das führte mir eine entscheidende Wahrheit vor Augen:

Es ist genug für alle da.

Kannst du ganz du selbst sein, in Jogginghose und Schlabberlook, und trotzdem darauf vertrauen, dass auch für dich genug da ist? Warum versuchst du es nicht einfach mal? Wer weiß, vielleicht kannst du diese Einstellung ja übernehmen.

14

Zweifel sagen nur selten die Wahrheit

Der Anruf kam am Samstagmorgen.
Ganz früh.
Meine Vorhänge waren noch zugezogen und
draußen schien die Sonne.
Es war der Schulleiter der RADA:

Sie haben uns in der Vorauswahl wirklich überzeugt, und ich wollte fragen, ob Sie gerne beim diesjährigen Jahrgang der Royal Academy of Dramatic Arts dabei wären?

Ist das Ihr Ernst?
Er hielt kurz inne.

Ich meine, ehrlich?
Ja, antwortete er.

Ich konnte es kaum fassen.
Als wenig später der Brief mit dem Zulassungsbescheid kam,
konnte ich es immer noch nicht ganz begreifen.
Ich war mir doch so sicher gewesen, dass sie mich nicht aufnehmen würden.

Auf keinen Fall ist das die perfekte Schule für mich.
Aber sie muss nicht perfekt sein, um Teil meines Weges zu sein.
Und dann ist da noch die leise Erkenntnis:
Am besten bin ich immer dann,
wenn ich ganz ich selbst bin.

Wann immer ich daran zweifle, ob ich etwas schaffen
kann,
belehrt mich das Leben stets eines Besseren.
Denn Zweifel sagen nur selten die Wahrheit.

15

Manche Leute verstehen dich einfach nicht

Mein Jahrgang an der RADA bestand aus vierunddreißig Teilnehmenden. Vier davon waren Schwarz. Ich war eine von ihnen.

Obwohl ich gehofft hatte, es würde eine interessante Erfahrung werden, und obwohl ich wirklich sehr von meiner Ausbildung profitiert habe, gab es auch viele unangenehme Momente. Und ich fragte mich oft, was ich dort überhaupt sollte.

Wenn du dich an einem Ort befindest und nicht weißt, was du dort verloren hast, atme am besten erstmal tief durch. Manche Wege sind eben unbequem. Dieses Unbehagen bedeutet aber nicht, dass das nicht dein Weg ist.

An der RADA waren Mikroaggressionen und Missverständnisse an der Tagesordnung. Viele hielten mich für aggressiv und dachten, die Rollen, die ich spielen sollte – und spielen wollte – würden alle nur dem Archetyp der starken Schwarzen Frau entsprechen.

Etwas anderes schien man mir nicht zuzutrauen. Man ging

davon aus, dass ich aufgrund meines Talents und der Fähigkeiten, die ich im Unterricht unter Beweis gestellt hatte, weniger Hilfe brauchte als die anderen. Was eine fürchterliche und kurzsichtige Fehleinschätzung war.

Sie lagen damit zwar nicht ganz falsch – aber eben auch nicht ganz richtig. Zum Beispiel hatten sie keine Ahnung, dass meine Mutter alleinerziehend war und dass ich daher durchaus auf Hilfe angewiesen war. Die Unterstützung, die ich brauchte, war leider finanzieller Natur.

Im ersten Jahr bat ich um eine Freistellung. Ich wollte als Background-Sängerin für eine Band arbeiten, ein Job, mit dem ich die gesamten Studiengebühren für drei Jahre hätte bezahlen können. Die Schulsekretärin, eine Frau namens Patricia (oder Pat, wie sie genannt wurde), lehnte meinen Antrag auf die zweiwöchige Freistellung ab. Ein anderer Student, ein weißer Junge aus Eton, durfte dagegen im gleichen Zeitraum an einem Theaterstück mitwirken. Er benötigte zwar nicht die finanzielle Unterstützung, die ich gebraucht hätte, trotzdem bewilligte man ihm die Freistellung, und das ohne irgendwelche Rückfragen oder negative Konsequenzen.

Um irgendwie über die Runden zu kommen, musste ich nebenher arbeiten. Der Schultag begann um acht Uhr morgens und endete abends erst gegen sechs oder sieben. Wenn ein Auftritt anstand, war meist erst gegen neun Schluss. Fünf Tage die Woche übernahm ich abends nach meinem Unterricht kleine Gelegenheitsjobs, um finanziell über die Runden zu kommen. Manchmal auch samstags und sonntags. Vor lauter Übermüdung schlief ich immer wieder im Unterricht ein.

Als ich am Ende meines Studiums über meine Erfahrungen und Chancen an der RADA nachdachte, wurde mir klar, dass man mich dort bestraft hatte. Stets hatte ich mich mit den kleinsten Rollen begnügen müssen und war strenger behandelt worden als die anderen. Ich wusste nicht recht, was der Grund dafür gewesen war, aber da ich nun mal eine große Klappe habe, beschloss ich irgendwann, den Schulleiter zu fragen. Was bei dem Gespräch herauskommen würde, spielte im Grunde keine Rolle mehr. Ich hatte inzwischen einen Agenten und war nicht länger auf die Unterstützung der Schule angewiesen. Trotzdem wollte ich es wenigstens verstehen.

»Warum bin ich eigentlich immer so benachteiligt worden?«, fragte ich.

»Na ja, damals im ersten Studienjahr wolltest du dir eine Auszeit nehmen, um als Background-Sängerin zu jobben«, erwiderte er. »Wir hatten einfach nicht das Gefühl, dass du hundertprozentigen Einsatz zeigst. Und da dachten wir, dass du nicht bereit bist für die wirklich großen Rollen.«

Ich war wütend und frustriert. Natürlich erklärte ich ihm, warum ich diesen Job so dringend gebraucht hätte. Wie viel Stress und Grübeleien hätte mir dieses zweiwöchige Engagement erspart! Ich hätte nachts ruhig schlafen können und keine Geldsorgen mehr gehabt. Dieses Engagement hätte mir finanziellen Druck in einer Weise erspart, die sie sich nicht einmal vorstellen konnten.

Aber das haben sie nicht verstanden.

Das ist eine Tatsache, die ich mittlerweile akzeptiert habe. Manchmal kapieren die Leute es eben nicht, und dann müssen wir trotz dieser widrigen Umstände unser Bestes geben. Wir können triumphieren, auch wenn andere uns nicht verstehen. Diese Macht haben wir.

16

Und vielleicht werden sie dich nie verstehen

Die Erkenntnis, dass manche Leute uns nie verstehen werden, kam mir erst kürzlich, achtzehn Jahre nach dem eigentlichen Ereignis. Auslöser war eine E-Mail von Patricia, der Frau bei der RADA, die mir die Freistellung verweigert hatte. Sie schrieb, dass sie mich im Fernsehen darüber reden gehört hatte.

Allerdings hatte sie den Vorfall ganz anders in Erinnerung. »Du hast damals gedacht, es wäre eine gute Idee, die RADA zu verlassen und direkt in den Beruf einzusteigen«, schrieb sie. Das war eine komplett andere Darstellung dessen, was meiner Erinnerung nach tatsächlich passiert war. Sie meinte, sie hätte mich damals gefragt, wieso ich meine Ausbildung hinschmeißen wolle, um als Background-Sängerin zu jobben, wo ich doch mit einem abgeschlossenen Studium an der RADA beste Chancen auf große Hauptrollen gehabt hätte. Am Ende ihrer E-Mail beglückwünschte sie mich zu der Entscheidung, die ich damals getroffen hatte. »Gut, dass du geblieben bist!«, lobte sie mich begeistert.

Ihre E-Mail machte mich sprachlos. Wie konnte man nur so herablassend sein? Sie gab noch nicht mal zu, damals einen Fehler gemacht zu haben. Ich hatte nur um eine Freistellung gebeten, um meine Studiengebühren bezahlen zu können. Wegen ihrer Entscheidung hatte ich Jahre gebraucht, um meine Schulden abzuzahlen. Obwohl ich in dem Moment keine andere Wahl gehabt hatte, musste ich mit den Konsequenzen leben. Patricia sah das natürlich ganz anders. Sie erinnerte sich nur an ein dummes Kind, das im Begriff war, eine einmalige Chance einfach wegzuwerfen. Damals hatte sie meine Bitte als unwichtig abgetan, obwohl es für mich extrem wichtig gewesen wäre. Und ich hatte auch gar nicht vorgehabt, die RADA zu verlassen. Nun beglückwünschte sie mich zu meiner richtigen Entscheidung, obwohl ich in der Situation gar keine Wahl gehabt hatte. Ich antwortete also auf ihre E-Mail und stellte klar – höflich, wie ich hoffe –, was damals wirklich passiert war.

Ich möchte eine Sache klarstellen:

Ich brauchte diesen Job. Ich brauchte das Geld.

Man hat es mir untersagt.

Und in den drei folgenden Jahren hat man mich dafür bestraft. Nur weil ich danach gefragt hatte und weil ich dann einen anderen Weg finden musste, um mir meinen Lebensunterhalt zu verdienen.

Egal was jemand anderes sagt, das sind die Tatsachen.

Meine Erkenntnis aus der ganzen Sache: Viele Leute verstehen uns nicht, wenn wir versuchen, mehr als genug zu sein. Wir müssen uns von ihren Vorstellungen freimachen und trotzdem unser Ding durchziehen. Manche Leute verstehen uns, andere eben nicht. So ist das nun mal. Zerbrich dir nicht den Kopf über diejenigen, die dich nicht verstehen.

17

Such dir Unterstützung

Sogar damals gab es aber einen Menschen, der mich verstand: Joan Oliver, eine nette Schwarze Frau aus Nordengland, die stets ein breites Lächeln im Gesicht trug – und nebenbei bemerkt eine richtig coole Brille! Schon in meinen ersten Tagen an der RADA hatte ich das Gefühl, dass sie sich beim Vorsprechen für mich eingesetzt haben musste. Sie war eine von drei Leuten in der Prüfungskommission und schien mich direkt zu erkennen.

Also natürlich nicht mich persönlich. Viel mehr mich, das Schwarze Mädchen aus dem Londoner Süden, das so viel auf dem Kasten hatte, aber noch nichts davon ahnte.

Während meiner dreijährigen Ausbildung an der RADA haben wir uns unterhalten, und auch später haben wir uns noch ab und zu SMS geschrieben. Ihre Nummer habe ich bis heute. Sie war meine Betreuerin, meine Unterstützerin. Sie hat mir den Weg gezeigt.

Wer war schon immer auf deiner Seite? Ich bin mir sicher, dass es da jemanden gibt.

Auch heute noch sehe ich Joan an diesem Tisch sitzen. Wie

sie mich beobachtet, während ich singe. Und ihr Blick scheint zu sagen:

Das Mädchen da kenne ich doch.

Während ich weiter singe, wächst meine Überzeugung, dass Joan genau das denkt. Immer lauter höre ich die Stimme in meinem Kopf:

Das Mädchen da kenne ich doch.

Ich singe weiter und ich arbeite weiter. Nein, die anderen verstehen mich nicht. Aber eine Person versteht mich. Und während ich meinen Weg fortsetze, höre ich ihre Stimme, die immer mehr mit meiner eigenen verschmilzt:

Das Mädchen da kenne ich doch.

18

Die Saat ist tief vergraben

Ich war zwanzig Jahre alt und galt an der RADA als Außenseiterin. Schon immer hatte ich mich anders gefühlt als alle anderen, mittlerweile war meine vage Vermutung allerdings zur Gewissheit geworden. Regelmäßig fragte ich mich, warum mich offensichtlich alle so hassten. Ich bekam nur kleine Rollen und hatte stets das Gefühl, nicht dazuzugehören. Immer wieder wurde ich bewusst übersehen. Ich behielt diese Ansicht für mich und stürzte mich in die Arbeit, aber ertrank dabei geradezu in Einsamkeit und Verwirrung.

Dann tauchte plötzlich ein anderer Student namens Michael Pivoy auf. Ein Freund – noch nicht, aber er sollte bald einer werden. Michael konnte Klavier spielen. Er entdeckte mich. Er *nahm mich wahr*.

»Willst du mal was singen?«, fragte er eines Tages.

Und ob ich das wollte.

Er schnappte sich ein paar Textbücher und wir verzogen uns in ein kleines Zimmer, in dem ein Klavier stand. Stundenlang spielten und sangen wir. Wieder und wieder bat er mich, einen Song aus einem ganz bestimmten Musical zu singen. Es war ein

Song über ein Mädchen und einen Zauberer, der von Hoffnung und Zusammengehörigkeit handelte.

Wir sangen das ganze Musical rauf und runter.

Das Textbuch lernte ich in- und auswendig.

Tatsächlich lernte ich die ganze Partitur, Jahre bevor ich das Musical besuchte.

Das war das erste Mal seit Beginn meiner Ausbildung, dass ich so richtig durchatmen konnte. Ich konnte tatsächlich atmen, musste mich nicht länger verstellen. In diesem winzigen Zimmer musste ich nicht versuchen, jemand anders zu sein. Ich konnte einfach frei heraus singen und wusste, dass mich niemand beurteilen würde. Ich wusste, wer ich in diesem Zimmer war, zusammen mit einem Menschen, der einfach nur meine Stimme mochte, der mich mochte. Und er verlangte nur diese eine Sache von mir: Ich sollte mit ihm singen. Er liebte den Klang meiner Stimme. Ich bewunderte sein Klavierspiel und mir gefiel, wie unsere Stimmen miteinander harmonierten, wenn wir gemeinsam sangen.

Es ist so einfach und doch so großartig:

Irgendwo tief in mir wurde bei diesem Crescendo die Saat vergraben, die dort wartete, bis der richtige Zeitpunkt gekommen war. Anderthalb Jahrzehnte lang ergaben sich viele Rollen und Chancen, aber nicht diese. Noch nicht. Die Saat wartete auf den richtigen Augenblick, um aufzugehen.

Den Träumen nach. Ab jetzt jag' ich … den Träumen nach.

19

Was ist deine wahre Bestimmung?

Allmählich neigte sich meine Ausbildung an der RADA dem Ende zu. Alle Studentinnen im dritten Jahr fingen an, ihre Musicalnummern einzustudieren und Produktionen auf die Beine zu stellen, als Vorbereitung auf die unzähligen Showcases und Screenings, bei denen hoffentlich eine Agentin auf sie aufmerksam werden würde. Ich hatte bereits einen Agenten, würde die Schule vorzeitig verlassen und brauchte mir darüber keine Sorgen zu machen. Was allerdings nicht hieß, dass meine harte Arbeit anerkannt oder belohnt wurde.

Als es darum ging, die Rollen für das Musical *Company* zu besetzen, erhielt ich wieder einmal eine unbedeutende Nebenrolle. Mittlerweile war ich nicht mehr überrascht, denn mir war klar geworden, wo ich stand und was man von mir hielt.

Die anderen Mädchen bekamen große Rollen. Wie sie aussahen, werde ich an dieser Stelle nicht beschreiben. Du kannst es dir wahrscheinlich denken. Es kümmerte mich nicht mehr.

Die Premiere rückte näher, und ich erfuhr, dass zwei der Mädchen krank geworden waren. Eine hatte eine Kehlkopfentzündung, die andere eine Lebensmittelvergiftung. Beide konnten nicht singen. Die Lösung hätte so einfach sein können: Man hätte mich bitten können, ihre Rollen zu übernehmen. Jeder normale Mensch hätte das getan. Und ich wäre gerne bereit gewesen, diese Verantwortung zu übernehmen.

Stattdessen wurde ich gebeten, hinter der Bühne für die kranken Mädchen zu singen.

Ja, richtig gelesen. Ich sollte singen, während die beiden auf der Bühne die Lippen bewegten.

Die Verantwortlichen nahmen mir buchstäblich meine Stimme und gaben sie jemand anderem.

Schon während der Proben spürte ich instinktiv, dass das nicht in Ordnung war, hatte allerdings keine Ahnung, was ich dagegen unternehmen sollte. Bei der ersten Vorstellung wurde es mir so richtig bewusst: Ich wurde versteckt gehalten, während diese beiden Mädchen da oben auf der Bühne standen. Ich musste meine Stimme – die tief aus meinem Innersten kam –, benutzen, um für andere zu singen. Ich wurde ausgelöscht, während die beiden von meiner Gabe profitierten, einer Fähigkeit, für die ich so hart gearbeitet hatte.

Warum hatte ich überhaupt zugestimmt?

Weil ich im Grunde keine Wahl gehabt hatte. Das wurde mir in diesem Moment klar.

Ich war am Boden zerstört und ehrlich gesagt gedemütigt.

So etwas würde ich nie wieder tun.

Als ich das Mikrofon weglegte, hatte ich meine wahre Bestimmung endlich erkannt. Ich war bereit.

Ich verließ diesen Ort und fand zu mir selbst.

Manchmal ist es so: Zu wissen, was nicht zu dir passt, öffnet die Tür zu deiner wahren Bestimmung. Vielleicht wird es auch für dich Zeit, das Mikrofon einfach wegzulegen.

Ach ja, an dieser Stelle noch eine merkwürdige Fügung des Schicksals: Weil Gott Humor hat, bin ich heute Vice President der Royal Academy of Dramatic Arts. Keine Ahnung, was die beiden Damen heutzutage so machen, und ehrlich gesagt ist mir das auch ziemlich egal. Ich weiß nur eines: Wenn sie wieder einmal jemanden brauchen, der ihnen die Stimme leiht, während sie die Lippen dazu bewegen … ich mach's jedenfalls nicht. Es sei denn, sie treten durch irgendeinen seltsamen Zufall als Kandidatinnen beim *RuPaul's Drag Race* an, müssen Playback singen, um nicht rauszufliegen, und das ausgerechnet mit einem meiner Songs. Sollte das passieren, dann hoffe ich wirklich, dass sie es nicht vermasseln … aber ich schweife ab.

TEIL ZWEI

Die nächsten zehn Meilen läufst du mit den Beinen

In diesem Abschnitt eines Marathons zehrt die Läuferin von den Übungen und dem vielen Training. Im Leben ist das der Augenblick, in dem wir alles Gelernte erstmals anwenden und echte Fortschritte machen. Das ist der Moment, in dem wir ganz in unserem Körper sind.

20

Bleib mit deinen Gedanken im Hier und Jetzt

Es ist immer spannend, auf frühere Versionen von uns selbst zurückzublicken. Damals hätten wir nie gedacht, dass sich unser Leben eines Tages so verändern würde. Rückblickend betrachtet ist diese Sichtweise von einer gewissen Naivität umhüllt, doch eine Zukunft, die gefühlt Lichtjahre von unserer Gegenwart entfernt ist, können wir uns einfach nicht richtig vorstellen. Wenn du heute fünf oder zehn Jahre zurückblickst, würdest du dann dein heutiges Ich sofort wiedererkennen?

Siehst du? Ich auch nicht.

Als ich den Brief, den ich sechs Jahre zuvor an mein zukünftiges Ich geschrieben hatte, noch einmal durchlas, hatte ich das Gefühl, dass ich damals schon viele Dinge, die das Leben für mich bereithielt, vorhersehen konnte, und in gewisser Weise stimmte das sogar. Andererseits war ich aber auch ein wenig blind. Ich hatte nämlich keine Ahnung, wie schön und aufregend, ja wie *groß* mein Leben eines Tages werden könnte. Mein heutiges Ich weiß, dass ich damals nicht ganz ehrlich zu mir war.

Ich dachte nämlich, ich sei bereits ganz oben angekommen. Und vielleicht stimmte das auch, zumindest vom damaligen Standpunkt aus betrachtet. Zu dieser Zeit war ich überzeugt davon, schon das Beste erlebt zu haben, was das Universum zu bieten hatte.

Ich hatte ja keine Ahnung.

Diesen Brief, daran erinnere ich mich noch ganz genau, hatte ich an einem wunderschönen Tag geschrieben. Damals wusste ich nicht, dass noch viel schönere Tage auf mich warteten. Genauso, wie Tage voller Schmerz, Wut und Frustration. So ist es nun mal im Leben: Nichts bleibt, wie es war. Und auch an diesem schönen Tag blieb die Zeit nicht stehen. Nein, sie lief weiter und nahm mich mit.

Wenn du heute auf deine Vergangenheit zurückblickst, kann ich mir gut vorstellen, dass du überrascht sein wirst. Weil du nie gedacht hättest, dass du eines Tages dort stehen würdest, wo du jetzt stehst. Und doch würden wir, wenn wir nur ein bisschen genauer hinschauen, kleine Hinweise darauf entdecken, wohin unser Weg uns führt. Doch die sind häufig so offensichtlich, dass wir den Wald vor lauter Bäumen nicht sehen.

Nur so eine Idee: Bleib mit deinen Gedanken im Hier und Jetzt.

21

Folge deinem inneren Kompass

An meinem fünfundzwanzigsten Geburtstag sah ich *Wicked* zum ersten Mal live auf der Bühne. Ich hatte eisern gespart und mir selbst ein Geburtstagsgeschenk gemacht: Tickets für ein paar Shows im West End. *Der König der Löwen,* eine Bühnenadaption von *Der Herr der Ringe,* die mir wirklich gut gefallen hat, und *Avenue Q* mit den Muppets.

Doch vor allem *Wicked* war einfach atemberaubend. Jahrelang hatte ich die Songs gesungen, und jetzt entfaltete sich die ganze Show – Licht, Musik, Stimmen und Bilder – live vor meinen Augen, erfüllte mich von Kopf bis Fuß. Die Musik riss mich mit, und die so geschickt inszenierte Geschichte begeisterte mich. Als die fliegenden Affen durchs Publikum liefen, staunte ich wie ein Kind. *O mein Gott! Was ist das denn bitte?*

Dieses Erlebnis hat mich tief geprägt. Und doch, so sehr ich die Show auch genossen habe, so unwiderstehlich ich es all die Jahre auch fand, diese Songs zu singen, ich konnte mir nie wirklich vorstellen, die Elphaba zu spielen. Nicht mal in meinen kühnsten Träumen.

Der Grund lag auf der Hand: Ich hatte noch nie jemanden

wie mich in dieser Rolle gesehen. Für mich war das schlicht und einfach unvorstellbar. Es ist schwer, etwas zu werden, für das es keine Vorbilder gibt. Obwohl Elphaba grün ist und es eigentlich keine Rolle spielen sollte, tat es das doch. Zumindest in meinem Kopf. Damals lief die Show schon eine ganze Weile. Wenn bisher noch niemand wie ich diese Rolle gespielt hatte, dann konnte ich es auch vergessen. Natürlich hätte ich die Gelegenheit nur allzu gerne beim Schopf gepackt, aber sie würde sich mir einfach nicht bieten.

Ich wurde eben immer nur für bestimmte Rollen gecastet. Jedes Mal dachte ich: *Okay,* diese *Rolle kann ich spielen, aber* die *Rolle auf keinen Fall.* Rollen für Schwarze Frauen sind rar gesät, so ist das eben. Man ist eingeschränkt. Zumindest sah ich das so. Bei der einen Show kannst du singen, aber bekommst keine Sprechrolle. Bei der anderen wirst du als Tagesschauspielerin engagiert, aber das war's dann auch schon. Möglicherweise wirst du sogar für eine Fernsehserie gecastet, in der du eine von vielleicht zwei Schwarzen Personen oder die beste Freundin der Hauptfigur spielst. Natürlich gibt es solche kulturellen Stereotype, die dich einschränken. Aber in Wahrheit ist es doch so: Was dich am meisten einschränkt, ist deine eigene Vorstellung davon, was möglich ist und was nicht.

Gibt es Bereiche in deinem Leben, in denen du dir selbst im Weg stehst?

Heute erkenne ich, wie sehr mich diese selbst auferlegten Grenzen gebremst haben.

Aber nur für eine bestimmte Zeit.

Trotzdem fühlte ich mich Elphaba tief verbunden. Auch sie hatte das Gefühl, anders zu sein, das erkannte ich sofort. Ich hatte schon immer feine Antennen für Außenseiterinnen wie mich, und mir war sofort klar, dass auch sie eine war. Schon allein dadurch waren wir wie Schwestern.

Erst viel, viel später erkannte ich, wie viele Gemeinsamkeiten wir tatsächlich hatten, damals jedoch stellte ich diese Zusammenhänge nicht her. Elphabas seltsames Verhältnis zu ihrem Vater ist schon beinahe unheimlich. Sie ist jung, sehnt sich nach seiner Anerkennung und wünscht sich verzweifelt, von ihm geliebt zu werden. Offensichtlich ein toxisches und nicht gerade liebevolles Verhältnis. Das alles war meinem eigenen Leben nur allzu ähnlich. Und doch habe ich es nicht erkannt, als ich es an diesem Abend auf der Bühne sah.

Vielleicht lag es daran, dass diese Gefühle noch zu unangenehm waren. Manchmal sind wir blind für das, was direkt vor unserer Nase geschieht.

Natürlich musste in meinem Leben erst einiges passieren, um meine Vorstellungskraft zu erweitern, sie so weit zu dehnen, dass ich mich selbst in der Rolle der Elphaba sehen konnte. Damals befreite ich mich allmählich von der Diskriminierung, die ich aufgrund meiner ethnischen Herkunft immer wieder erlebte. Auch schloss ich vorläufig Frieden mit meiner Vergangenheit, und erst jetzt konnte ich viele Zusammenhänge zwischen mir und dem grünen Mädchen erkennen.

Diese Verwandlung war natürlich zunächst noch ziemlich vage, nur ein paar Gedanken hier und da, bis sie sich irgendwann in meinem Körper festsetzte. Ab dem Tag war ich nie mehr dieselbe.

Zu diesem Zeitpunkt war ich bereits für die Rolle der Elphaba gecastet und wir drehten gerade die Szene in der Ozkothek. Um mich besser in die Figur einzufühlen, beschäftigte ich mich mit den zahlreichen Schwierigkeiten, unter denen Elphaba zu leiden hatte. Im Grunde genommen waren das Herausforderungen, mit denen auch ich konfrontiert gewesen war. Ablehnung, Einsamkeit und Scham. Mir war klar, dass wir beide Außenseiterinnen waren. Und ich verstand auch die Allegorie des Grünseins und warum sie wegen ihrer Hautfarbe anders war, ein Gefühl, das ich wegen meiner Hautfarbe aus eigener Erfahrung kannte. Womit ich nicht gerechnet hatte? Dass ich mich auch in Bezug auf ihr Verhältnis zu ihrem Vater und ihrer Schwester mit ihr verbunden fühlen würde.

In dieser Szene in der Ozkothek versucht sie jedoch instinktiv, sich selbst zu schützen, und stößt alle anderen von sich. Und da traf mich die Erkenntnis wie ein Blitz aus heiterem Himmel:

Oh, genau das habe ich auch schon mal erlebt. Das kommt mir bekannt vor. Sehr bekannt sogar.

Dieses Aha-Erlebnis überwältigte mich geradezu.

Hier geht es um ein Mädchen, das sich anders fühlt: einsam und ausgeschlossen, obwohl es doch so gerne dazugehören würde.

Es geht um jemanden wie mich.

In diesem Augenblick wurde mir klar, dass ich genau dasselbe getan hatte, und zwar jahrelang. Ich habe die *Wicked*-Songs gesungen, wann immer ich das Gefühl hatte, nicht dazuzugehören. Als ich andere Menschen von mir wegstoßen wollte. Und so schön es war, den Zusammenhang zu erkennen und endlich zu verstehen, warum ich diese Songs so lange gesungen hatte, war diese Szene emotional eine echte Herausforderung.

Doch so etwas gehört zum Leben nun mal dazu. Vor allem für diejenigen unter uns, die mehr als genug sein wollen. Die harte Arbeit hört eben nie auf.

Trotzdem war ich restlos begeistert von dieser Erfahrung. Zum ersten Mal erkannte ich, wie alles zusammenhing. Endlich wurde mir klar: Ich bin nicht verrückt. Diese Musik hatte mich schon immer aus gutem Grund fasziniert. Es gab gute Gründe dafür, dass ich darin eingetaucht war, mich damit getröstet hatte. Plötzlich ergab so vieles einen Sinn. Endlich fügten sich die Puzzleteilchen meines Lebens zusammen.

Bis zu dieser Erkenntnis sollte es allerdings noch Jahre dauern. Als ich *Wicked* an meinem fünfundzwanzigsten Geburtstag sah, war ich einfach nur fasziniert von der Darbietung.

Und ich Dummerchen dachte damals, das Stück hätte nicht das Geringste mit mir zu tun.

Hab Geduld, wenn du nicht so richtig weißt, wie all die Teile zusammenpassen. Mach dir einfach bewusst: Wenn dich etwas instinktiv anzieht, steckt eine wichtige Botschaft dahinter.

22

Gib ihnen keinen Grund, »Nein« zu sagen

Viel einfacher, als große Träume zu haben, ist es natürlich, uns selbst Grenzen zu setzen. Manchmal tun wir das, weil wir uns dann sicherer fühlen. Und oft sind es auch die anderen, die uns Grenzen setzen. Damit wir ihnen einen Grund geben, sich selbst nicht weiterentwickeln zu müssen. Sie fühlen sich wohler damit, klein und hinter ihren Möglichkeiten zurückzubleiben.

Lass das nicht zu. Wann immer du dir etwas wünschst, aber glaubst, das sei nichts für dich, frage dich, warum du so denkst. Meist ist es nur die Angst, die uns zurückhält.

Wenn wir uns aber gegen diese Angst wehren, sie hinterfragen und ihr wirklich auf den Grund gehen, schmilzt sie oft dahin wie eine Schneeflocke in deiner Hand.

Ich hatte schon immer große Träume. Eigentlich war ich schon immer die Version von mir, die ich heute bin, obwohl ich in gewisser Weise erst in dieses Wissen hineinwachsen musste.

Heute habe ich eine sehr genaue Vorstellung von meinen Wünschen.

Das will ich.

Genau *das.*

Das Erste, was ich auf diese tiefgründige, intuitive Weise wollte, war eine Rolle in *Die Farbe Lila.* Ich wusste, dass dieses Stück nach London kommen und in der Menier Chocolate Factory aufgeführt werden würde. Ein winziges Theater mit nur zweihundert Plätzen. Vielleicht würde sich niemand das Stück ansehen, doch das war mir völlig egal.

Ich wusste einfach, dass ich es tun musste.

Mein Bauchgefühl und mein Herz wussten es, das Castingteam leider nicht.

Ich erhielt keine Einladung. Sie dachten wohl, eine junge Schwarze Frau, die an der RADA studiert und in einem kommerziellen Comedy-Musical mitgewirkt hatte, könne sich unmöglich in die Rolle der Celie einfühlen: eine mittellose afroamerikanische Frau, die im ländlichen Georgia im Süden der USA lebt. Ihr Leben ist geprägt von Unterdrückung und Traumata. Eine stille, unterwürfige Protagonistin. Was die Castingleute nicht wussten? Ich war eine junge Schwarze Frau aus dem Londoner Süden. Meine Mutter war alleinerziehend und ich hatte mir mein Studium an der Royal Academy of Dramatic Arts selbst finanziert, indem ich praktisch rund um die Uhr wie wild geschuftet habe. Genau wie damals während meines Studiums an der RADA musste ich erkennen, dass dich die Leute manchmal einfach nicht verstehen. Doch davon darfst du dich nicht aufhalten lassen.

Ich war wie ein Hund, der einfach nicht von seinem Knochen ablassen wollte. Ich würde nicht aufgeben. Ich war eine Läuferin, wild entschlossen, die Ziellinie zu überqueren.

Also bat ich meinen Agenten, die Leute vom Casting weiter zu nerven, doch eine Einladung zum Vorsprechen blieb aus. Schließlich schaltete sich Jason Pennycooke ein, ein Freund und damals einer meiner Mentoren bei der Young Actors Company. Er wusste um meine Fähigkeiten und wandte sich an den Intendanten des Theaters. *Wissen Sie was? Sie sollten sich die Kleine wirklich mal anschauen. Also … ich an Ihrer Stelle würde sie einfach einladen.*

Kurz darauf erhielt ich die Nachricht. Juhu! Ich durfte zum Vorsprechen kommen. Sie schickten mir vier Szenen, die ich vorbereiten sollte, außerdem einen Song aus dem Musical. Zusätzlich sollte ich noch einen weiteren Song vorbereiten. Mir blieben nur zwei Abende, um alles zu lernen, was wirklich wenig Zeit war. Ich dachte mir: *Versuchen die etwa, mir ein Bein zu stellen, damit sie sich nicht mit mir herumschlagen müssen?* Eine angehende Schauspielerin weniger. Sie könnten mich einfach nach Hause schicken und weitermachen.

Doch das, so beschloss ich, würde nicht passieren.

Nein, so würde es laufen: Ich würde diesen Stoff pauken, bis ich ihn aus dem Effeff konnte. Unter keinen Umständen würde ich ihnen irgendeinen Grund geben, »Nein« zu sagen.

Abends im Bett ging ich die Szenen im Kopf wieder und wieder durch und lernte den Stoff, so gründlich es ging. *Die Farbe Lila* war einer meiner Lieblingsfilme und auch eines meiner Lieblingsbücher. Ich klammerte mich an die Geschichte über Trauma, Resilienz und Hoffnung und rief mir alles in Erinnerung, was ich daran so liebte.

Am Abend des Vorsprechens war auch John Doyle anwesend, der Regisseur des Musicals, zusammen mit dem Intendanten, dem Music Supervisor und dem Produzenten, die weiter hinten saßen. Die Beleuchtung war nicht grell, sondern gedimmt. Sehr schön, so gefiel mir das. Als ich die Bühne betrat, war ich ganz ich selbst. Meine Nägel waren perfekt manikürt: hellblauer Lack mit fluffigen weißen Wölkchen darauf. Ich hatte nicht die leiseste Ähnlichkeit mit Celie, denn kurz zuvor hatte ich noch bei einer anderen Inszenierung auf der Bühne gestanden. Also mussten sie mich so nehmen, wie ich war. Ich trug die Szenen vor, die ich vorbereiten sollte.

Doch dann brachte mich der Regisseur, ein sanftmütiger älterer Schotte, mit seinen Fragen aus dem Konzept:

Erzähl mir ein bisschen was über dich. Wo du herkommst und was deine Eltern so machen.

Meine Mum hat mich allein großgezogen.

Mein Dad hat mich verstoßen.

Ich habe mich an der RADA durchgeboxt, weil ich so gerne singe und weil mir der Gedanke gefällt, Musik und Schauspielerei zu verbinden.

Soso. Okay. Dann sing jetzt bitte den Song.

Als ich fertig war, hatten sowohl der Music Supervisor als auch der Intendant Tränen in den Augen. Ich verließ das Vorsprechen in dem Glauben, dass es gut gelaufen war. Zumindest hoffte ich es.

Ein, zwei Monate später, ich wirkte gerade in einem kleinen Stück namens *Lift* am Soho Theatre mit, kam der Anruf. Ich hatte die Rolle. Natürlich war ich total aus dem Häuschen. Das war damals mein größter Traum: bei diesem Musical dabei zu sein, in diesem winzigen Theater mit gerade mal zweihundert Plätzen.

Ich wusste nicht, wohin das führen würde.

Das weiß man nie. Trotzdem müssen wir weitermachen.

Bis heute frage ich mich, warum ich so wild entschlossen war, diese Rolle zu spielen. Ich kann nicht behaupten, dass es nur an meiner Begeisterung für das Stück lag, obwohl ich alles daran großartig fand. Die Aussage dahinter, die Charaktere, die Musik. Aber es war mehr als nur das: Ich wusste einfach, dass ich es tun musste. Damals und an diesem Ort war es das, was Gott oder das Universum von mir verlangte.

Es war beinahe wie eine Stimme, die mir sagte: *Ich will, dass du das jetzt machst und an diesem Ort bist. Weil dir anschließend alle Türen offen stehen.*

Manchmal haben wir den Drang, etwas unbedingt tun zu müssen, obwohl wir nicht wissen, warum. Da ist plötzlich einfach etwas, das uns magisch anzieht.

Warum ausgerechnet diese eine Sache? Wieso ist mir das so wichtig?

Vergiss diese Fragen. Mach dir keine Gedanken darüber, woher der Drang kommt. Vertraue deinem Instinkt. Kopf hoch, Brust raus, tief durchatmen.

Denn irgendwann finden wir immer eine Antwort.

23

So kennt man die Briten ja gar nicht

Die Farbe Lila war jeden Abend restlos ausverkauft.
Das Publikum tobte vor Begeisterung.
Es war wie eine Manie.
Jeden Abend trampelten die Zuschauerinnen mit den Füßen und sprangen mitten im Song »I'm Here« von ihren Sitzen auf.
Der helle Wahnsinn.
Noch nie hatte ich ein englisches Publikum derart begeistert gesehen.
Normalerweise sind die Briten sehr höflich und zurückhaltend.
Immer mit der Ruhe, warte, lass sie doch erstmal zum Ende kommen.
Applaus gibt's erst, wenn alle mit ihrer Arbeit fertig sind.
Aber nicht bei dieser Show.
Immer wieder begeistertes Getrampel und Standing Ovations.

So kennt man die Briten ja gar nicht …

Und doch geschah es Abend für Abend,
immer und immer wieder.

24

Glücklich um jeden Preis

In den Kritiken kam *Die Farbe Lila* nicht besonders gut weg. Einmal hieß es zum Beispiel, die Show sei nicht brutal genug. In der Version, die wir in London aufgeführt hatten, wurde ich vom Mister zu Boden geworfen und mehrmals gegen die Wand geschubst. Und das sollte nicht brutal genug sein? Andere Kritiker monierten, dass Celie im Laufe des Stücks nicht grauer wurde. Ich meine, am Anfang ist sie vierzehn und am Ende fünfundvierzig Jahre alt. Wie grau sollte sie da bitte sein?

Ehrlich gesagt wollten sie wohl, dass sie am Ende altersschwach aussieht.

Celie sollte unterdrückt und am Boden zerstört sein.

Weil es viel einfacher ist, jemanden zu kontrollieren und zu ignorieren, dessen Geist gebrochen ist.

Ich jedoch wusste, dass sie wild entschlossen war, glücklich zu sein – um jeden Preis.

Und zwar wirklich um *jeden*.

Ich glaube, viele von uns unterliegen dem Irrtum, dass Menschen, die wie Celie traumatische Erfahrungen machen mussten, es im Grunde nicht anders wollen. Vielleicht glauben wir sogar, sie seien selbst schuld an ihrem Unglück. Wie auch immer, wir sind uns auf jeden Fall ziemlich sicher, dass sie kein Fünkchen Freude mehr empfinden können, wo sie doch etwas so Schreckliches erlebt haben. Und dass sie vielleicht gar keine Freude verdienen.

Eine ziemlich traurige und einseitige Art, die Dinge zu betrachten.

Ich persönlich finde es viel ergreifender, wenn ein Mensch trotz schrecklicher Umstände fest entschlossen ist, Freude zu empfinden.

Genau wie Celie.

Sie hat es sich zur Aufgabe gemacht, überall ein Fünkchen Glück zu finden. Und es gelingt ihr. Bei Sofia, die Resilienz und das Streben nach Gerechtigkeit verkörpert, findet sie Zerstreuung und Trost. Shug, ein echter Freigeist, sensibilisiert Celie für Liebe in ihren verschiedenen Formen. Auch das Kochen schenkt Celie Augenblicke der Freude.

Wie eine Elster hortet sie kleine Glücksmomente – kostbare Schätze, die ihr dabei helfen, der grausamen Wirklichkeit zu entfliehen. Und wir alle können so viel von ihr lernen.

Als Shug auftaucht, ist Celie glücklich, sogar erleichtert. *Wenn sie da ist, geht's mir vielleicht bald besser.* Durch Shugs Anwesenheit gewinnt Celie ein bisschen mehr Freiheit. *Ich möchte ins Juke Joint gehen. Ich möchte die Musik dort hören. Auch wenn ich gerade selbst nicht mitmachen kann, werde ich den Leuten auf jeden Fall beim Tanzen und Singen zuschauen.*

Wenn Celie nicht ständig versuchen würde, in ihrem Leben kleine Lichtblicke zu finden, wäre ihre Geschichte einfach nur unerträglich traurig. Und obwohl sie trotz allem manchmal sehr düster ist, wäre diese Düsternis bedeutungslos, wäre sie nicht so fest entschlossen, Freude zu empfinden.

Aber so ist das Leben nun mal. Wir lachen, weil wir nicht weinen wollen. Freude ist oft das beste Heilmittel gegen Verletzung und Schmerz.

Als also in den Kritiken gefordert wurde, Celie müsse doch niedergeschlagener sein, wurde mir klar, welche Macht in ihrem Streben nach Glück steckt. Es ist geradezu subversiv. So wie es an Rebellion grenzt, dem Schmerz einfach ins Gesicht zu lachen. Freundschaft und wahre Liebe, in denen diese Eigenschaften zum Ausdruck kommen, sind revolutionär. Weil wir uns alle so an das Gegenteil gewöhnt haben. Oft fühlen wir uns von Dramen, Spannung, Konfrontation und lauten Stimmen angezogen. Viele beliebte Fernsehsendungen sind vor allem deswegen so erfolgreich, weil sie uns die Menschen von ihrer allerschlimmsten Seite präsentieren.

So betrachtet wird man aus Celie einfach nicht schlau. Warum sollte sie überhaupt lächeln, diese zierliche Schwarze Frau, wo sie doch ständig misshandelt wird? Und obwohl wir denken, dass es für sie keinen Grund zum Lächeln gibt, hat sie noch immer Muskeln in ihrem Gesicht, um ein Lächeln zustande zu bringen. Sie ist jung, vielleicht werden bessere Tage kommen. Sie ist eine Frau, die gelernt hat, im Hier und Jetzt zu leben und achtsam zu sein – für *alles*. Sie ist präsent und aufmerksam, so findet sie kostbare Augenblicke der Schönheit, des Glücks und der Freude, die man nur allzu leicht übersieht.

Deshalb sieht sie die Blumen. Deshalb erkennt sie, wie ängstlich Shug wirklich ist. Das ist eine Fähigkeit, an der sie lange gefeilt hat. Sie merkt, dass Shug anfangs nichts isst, was sich allerdings ändert, sobald Celie das Essen zubereitet. Und ihr entgeht nicht, dass Sofia es gar nicht leiden kann, wenn Leute ein bestimmtes Wort sagen oder sie beschimpfen.

Ich bewundere Menschen, die immer im Hier und Jetzt leben und auf all diese kleinen Dinge achten. Wenn es ein Muster bei den Rollen gibt, für die ich mich entscheide, dann vielleicht dieses: Jede dieser Frauen verfügt über eine ausgezeichnete Beobachtungsgabe.

Aretha Franklin bekam alles mit. Deshalb konnte sie es auch nicht ertragen, im Zimmer zu bleiben, wenn dort irgendetwas vor sich ging, was ihr nicht behagte. Dann machte sie auf dem Absatz kehrt. *Nein, ohne mich.*

Auch Holly Gibney ist eine aufmerksame Beobachterin. Das liegt ihr im Blut, sie kann einfach nicht anders. Ihr entgeht nicht das kleinste Detail.

Und natürlich sind auch Elphaba und Harriet aufmerksam.

Wenn du stets die Außenseiterin bist, achtest du auf alles und jeden. Denn nur dann bist du wirklich sicher. Die Leute sind damit beschäftigt, nicht mit dir zu reden, während du sie dabei beobachtest, wie sie mit anderen reden, und dabei insgeheim hoffst, sie irgendwann zu verstehen.

Und wenn du deine Umgebung schon so genau wahrnimmst, wirst du ganz automatisch immer wieder einen strahlenden Augenblick entdecken, ein winziges Fünkchen Freude.

Aber nur, wenn du die Augen offen hältst.

Genau das macht Celies Einstellung so ansteckend, so unglaublich kraftvoll. Wenn wir uns entschließen, um jeden Preis glücklich zu sein, trotz allem, was das Leben für uns bereithält, trotz aller widrigen Umstände im Hier und Jetzt, dann hat das eine enorme Wirkung.

Dann werden wir zu einer Kraft, die man nicht weiter ignorieren kann.

Was ist dir in Zeiten aufgefallen, in denen andere dich übersehen haben? Hast du vielleicht etwas beobachtet, was niemandem sonst aufgefallen ist?

25

Was passieren soll, passiert

Der Zufall wollte es, dass Ben Brantley, Rezensent bei der *New York Times,* eine Aufführung unserer Show an dem kleinen Theater sah. Das kam sonst nie vor. Was er daraufhin schrieb, war eigentlich keine Rezension, sondern eine Liebeserklärung. Und diese Liebeserklärung sollte alles ändern. Auf einmal wollten die Produzenten die Show an den Broadway bringen.

Broadway!

Als *Die Farbe Lila* an dem kleinen Theater anlief, war ich gefragt worden, ob ich bereit wäre, mitzukommen, falls die Show es so weit brächte. Ich hielt das für einen Scherz.

Natürlich komme ich mit … Ich meine, wenn ich denn darf.

Ich habe das nicht sonderlich ernst genommen.

Und jetzt war es auf einmal doch eine reale Möglichkeit.

Ich hatte mich immer von meiner Neugier leiten lassen und war entschlossen gewesen, zu wachsen und meine Träume zu verfolgen.

Und das schien sich jetzt auszuzahlen; auf einmal eröffneten sich Chancen, die ich mir nie erträumt hätte. Je verletzlicher und offener ich mich zeigte, desto mehr Gutes geschah in meinem Leben.

Offenheit ist eine Bereicherung.

Aber es ist nicht immer einfach und braucht viel Zeit und Durchhaltevermögen, so weit zu kommen. Versteh mich nicht falsch. Ich musste auf meinem Weg jede Menge Rückschläge, Ablehnung und Schmerz einstecken. So ist das, wenn man große Träume hat.

Aber lass mich dir eins sagen: Wenn du aus solchen Erfahrungen lernen kannst, wenn du dich von negativen Aussagen nicht einschüchtern lässt, wenn du offen bleibst und weiter wächst, wenn du dich nicht kleinmachen lässt, wird sich vor dir ein Weg auftun. Du musst nur den nächsten Schritt gehen.

Genau das hatte ich getan, und jetzt winkte der Broadway. Ich hörte von einem Kollegen, dass der Regisseur gesagt hatte, er wolle die Show in New York nicht ohne mich aufführen.

Nicht ohne mich. Das Mädchen, das an der RADA backstage versteckt worden war. Das Mädchen, das gehört, aber nicht gesehen werden durfte. Das Mädchen, das immer nur Nebenrollen bekam und nie die Hauptrolle spielen durfte.

Broadway.

Was passieren soll, passiert.

26

Wie Zuckerwatte auf der Zunge

Seien wir ehrlich: Neue Chancen bedeuten Veränderung. Und Veränderungen sind nicht immer angenehm. Nicht einmal die guten.

Ich war dabei, mein Zuhause zu verlassen, um meinen Traum zu verwirklichen. Ich zog nicht nur in eine andere Stadt oder ein anderes Land. Ich zog mit sechsundzwanzig Jahren auf einen anderen Kontinent, obwohl ich mir nicht sicher war, ob ich dieser Veränderung gewachsen war. Meine Knie zitterten und ich hatte ein bisschen Angst. Erst, als wir den Flug buchten, realisierte ich, dass das alles wirklich geschah.

Meine Mum war sehr stolz auf mich. Aber ich muss sagen, sie war nie überrascht, wenn sich mir solche Möglichkeiten eröffneten. Als hätte sie seit jeher auf diesen Moment gewartet. Egal, was ich erreichte, meine Mum nahm es einfach wie selbstverständlich hin, ohne auch nur mit der Wimper zu zucken. Wahrscheinlich hätte ich sie nur mit einer Karriere als Wirbelsäulenchirurgin wirklich überraschen können. In Bezug auf die von mir eingeschlagene Karriere sagte sie immer nur: *Ist doch klar, es musste so kommen. Du machst eben, was du willst.*

Diese Worte hallen heute noch in meinem Kopf nach.

Egal, was du tust: Arbeite hart und mach es richtig.

Während ich mich nun auf die Abreise vorbereitete, stellte sie sicher, dass ich alles hatte, was ich brauchte, um ins Ausland zu ziehen. Aber erst, als ich eines morgens zum Flughafen aufbrach, begriffen wir, dass es nun wirklich geschah. Meine Schwester verabschiedete mich an der Tür.

Ich weine nicht, sagte sie.

Ich auch nicht, sagte ich. Beides war gelogen.

Meine Mum und meine beste Freundin brachten mich zum Flughafen und wir waren alle völlig durch den Wind. Erst in diesem Moment traf es uns wie ein Schlag. Ich ging tatsächlich. Damals dachte ich noch, es wäre nur für die Dauer der Show.

Denn ich wusste noch nicht, dass dieser Moment der Anfang eines völlig neuen Lebens war. Etwas absolut Neues war im Entstehen.

Ich verfolgte einen Traum, der sich so flüchtig anfühlte wie Zuckerwatte auf der Zunge.

Heute weiß ich, dass vieles so seinen Anfang nimmt.

27

Sei offen für Überraschungen

Vor unserer Premiere auf dem Broadway hatte ich keine Ahnung, wie die Show dort ankommen würde. Wie bei so vielem im Leben, musste ich mich und mein Herz öffnen, ohne davor zu wissen, wie man mich aufnahm.

Mal sehen, was passiert.

Manche Leute werden die Show wohl mögen.

Andere nicht.

Vielleicht werden wir nach einer Woche wieder aus dem Programm genommen.

Ich wusste es einfach nicht.

In der ersten Nacht spürten wir die Verbindung zum Publikum und alles lief gut. Ich war es gewohnt, dieses Stück in einem kleinen Londoner Theater aufzuführen. Jetzt aber saßen da fast 1200 Augenpaare und sahen mir zu. Ich fand das einschüchternd – und wundervoll. Ich konnte hören, wie das Publikum atmete, oder den Atem anhielt. Einigen Zuschauerinnen konnte ich sogar in die Augen sehen. Ich spürte ihre Aufmerksamkeit. Ich spürte ihre Anwesenheit und war so dankbar dafür.

Als Nächstes war »I'm Here« dran. Das war der Song, auf den das Londoner Publikum besonders stark reagiert hatte. Ich stand allein auf der Bühne und erwartete nichts Außergewöhnliches, weil die Menschen in New York nichts von den Jubelstürmen aus London wussten. Für diese Leute war dieses Stück ein unbeschriebenes Blatt. Vielleicht war das Publikum im Londoner West End nur deshalb so aus dem Häuschen gewesen, weil sie gehört hatten, dass es am Abend zuvor auch so gewesen war, und an dem Abend davor auch. Vielleicht hatten die Leute diese Reaktion erwartet und sie dadurch selbst heraufbeschworen. Ich rechnete also nicht damit, dass es in New York genauso kommen würde.

Aber ich lag falsch. Völlig falsch.

Noch bevor ich die letzten Noten singen konnte, geschah es wieder. Die Menschen standen auf, stampften auf den Boden. Der ganze Saal brodelte.

Ich war das kleine Theater gewöhnt. Aber das hier war eine ganz andere Nummer.

Der Applaus war ohrenbetäubend.

Alle standen, obwohl die Show noch gar nicht zu Ende war. Wir hatten noch fünfzehn Minuten vor uns und ich musste die Handlung voranbringen.

Wer hatte jetzt nochmal seinen Auftritt? Welche Zeile musste ich jetzt sprechen?

Was sollte ich als Nächstes tun?

Und obwohl ich weiterspielen musste, wollte ich auch auf die Gefühlsregungen im Publikum eingehen. Es war wichtig, ihnen Raum zu geben. Also verweilte ich etwas länger auf der Bühne und ließ den Applaus auf mich herabregnen. Dabei ließ ich das

Publikum wortlos wissen, dass die Person auf der Bühne keine Schauspielerin war, die eine Figur spielte, sondern die Figur selbst.

Ich war Celie.

In meinem Kopf sagte ich mir selbst immer wieder: *Fall nicht aus der Rolle!*

Langsam wandte ich mich ab. Indem ich dem Publikum den Rücken zukehrte, teilte ich ihm mit: *Okay, es geht jetzt weiter.* Dieser Moment war so nicht vorgesehen gewesen, ich improvisierte einfach. Bald schon ebbte der Applaus etwas ab. Erst dann begann ich mich zu bewegen. Ich holte ruhig mein Laken. Dann mein Glas. Das Publikum verstand. Die Leute setzten sich. Es wurde immer leiser. Der Applaus hörte nicht sofort auf, was mich sehr berührte. Aber die Leute waren jetzt bereit zu sehen, wie es weiterging.

Ich weiß nicht, wie ich es geschafft habe, diesen Moment zu meistern. Alles war so neu für mich, es war mein allererstes Mal auf dem Broadway. Wahrscheinlich war es Intuition. Und eine Prise Wohlwollen.

Ich dachte die ganze Zeit über an die anderen Darstellerinnen und Darsteller, die backstage auf ihren Auftritt warteten. Ich musste das Publikum auf sie vorbereiten.

Was ist meine Aufgabe? Ich muss wissen, was jetzt geschieht, und gleichzeitig auch an das denken, was noch bevorsteht.

Die Handlung war noch lange nicht vorbei. Ich wollte nicht, dass das Publikum glaubte, die Show sei zu Ende, denn das hätte den Darstellenden nach mir geschadet. Aber wir überstanden den Moment und alles lief gut weiter.

Am nächsten Abend, als es wieder geschah, wusste ich, was ich zu tun hatte. Es war Nacht für Nacht immer das Gleiche. Die

Show lief vierzehn Monate lang achtmal pro Woche. Insgesamt mehr als vierhundertfünfzig Aufführungen.

Und so wurde ich für den Tony Award als beste Musical-Schauspielerin nominiert. Ich war völlig verblüfft und konnte nicht glauben, dass das junge Mädchen, das sich ständig selbst beweisen musste, das sich so sehr davor fürchtete, Außenseiterin zu sein, und dessen Talente in der Vergangenheit übergangen worden waren, jetzt so viel Aufmerksamkeit bekam.

Wessen Leben war das? Und wie war es zu meinem geworden?

Witzigerweise war meine Mum mal wieder absolut unbeeindruckt, als ich ihr davon erzählte. Sie fragte nur, was ich zur Preisverleihung tragen würde.

Ich gewann nicht nur den Tony, sondern auch den Emmy und einen Grammy für *Die Farbe Lila*. Ich konnte es nicht glauben.

Dabei ging es mir bei dem Ganzen nie um die Preise. Es ging um die Möglichkeit, auf der Bühne zu stehen und etwas Magisches zu erschaffen. *Darin* liegt für mich wahre Freude. Die Preise sind viel mehr eine nachträgliche Bestätigung, dass unsere Performance Herzen berührt hat. Deshalb bin ich für jeden von ihnen unendlich dankbar.

Und obwohl ich weiß, dass es aus dem Mund einer Frau, die scheinbar alles erreicht hat, komisch klingen mag, muss ich sagen, dass kein Mensch irgendetwas nur für einen Preis tut. Wir tun, was wir tun, weil wir unsere Gaben mit anderen teilen wollen. Wir alle haben eine. Wir alle sind auf unsere ganz eigene Art Künstlerinnen und Künstler. Egal, was wir zu bieten haben – sei es der weltbeste Apfelkuchen oder einfach ein herzliches, geselliges Wesen: Unsere Gaben sind wertvoll, auch wenn es dafür keine glamourösen Preise zu gewinnen gibt.

Stell dir also folgende Fragen: Was willst du mit dem, was du tust, erreichen? Wenn du Anerkennung brauchst, um glücklich zu sein, um ein Risiko einzugehen und dich selbst zu öffnen – kannst du dir dann selbst diese Anerkennung geben?

Ich möchte dir meinen eigenen, ganz persönlichen Preis überreichen: Meine individuelle Wertschätzung deiner Talente. Also zieh jetzt los und tue das, worin du gut bist.

Warte nicht auf Belohnungen. Dein heutiges und zukünftiges Leben sind Preis genug.

28

Jedes »Nein« ist auch ein »Ja«

Nachdem mein Vater mich verlassen hatte
Wollte ich mich immerzu beweisen
Ich lernte Instrumente
Sang ein Lied nach dem anderen
Rannte
Gewann
Machte mich selbst fertig
Erst mit der Zeit lernte ich
Dass sein »Nein« eine Art Geschenk gewesen war
Er hat mir damit den Raum gegeben, den ich brauchte, um »Ja« zu mir selbst zu sagen.
Als ich mich endlich nicht mehr vor ihm beweisen musste
Fand ich zu mir selbst
Konnte »Ja« sagen
Und das war ein noch besseres »Ja« als das
Das ich mir von ihm erhofft hatte
Es steckte mir in den Knochen und erlaubte es mir

MEHR ALS GENUG zu werden.
Und wenn ich etwas nicht erreiche
Oder abgelehnt werde
Denke ich daran:
Jedes »Nein« schafft Raum für ein noch besseres »Ja«.

29

Wie groß soll dein Leben sein?

Jeder Schritt im Leben bedeutet Veränderung. Es ist, als liefen wir einen Flur entlang, an dessen Ende uns zwei Türen erwarten: Die eine führt in ein neues, größeres, aufregenderes Leben. Die andere zurück ins Bekannte, Sichere, Kleine. Immer wieder müssen wir uns die gleichen Fragen stellen.

Will ich weiterwachsen?

Bin ich bereit, dafür zu arbeiten?

Was brauche ich, um weiterzukommen?

Nach dem Ende von *Die Farbe Lila* war ich viel unterwegs. Ich flog von Bundesstaat zu Bundesstaat, trat auf, gab Konzerte, entdeckte neue Orte. War das nicht schon immer mein Traum gewesen?

Aber jetzt überkam mich jedes Mal kurz vor der Abfahrt zum Flughafen diese Angst. Mein Herz klopfte, ich schwitzte unter den Achseln, meine Hände zitterten. Ich machte mir alle möglichen Sorgen.

Wie würden die Sicherheitschecks ablaufen?

Würde ich lange in der Schlange stehen müssen?

Würde ich es rechtzeitig schaffen?

Ich war ein einziges Wrack.

Ich hatte immer vorgehabt, nach London zurückzukehren. Das war der Deal, den ich mit mir selbst gemacht hatte. Aber jetzt lockten ständig neue Möglichkeiten, eine nach der anderen. Ich sagte jedes Mal begeistert zu. Bis es wieder an der Zeit war, zum Flughafen aufzubrechen.

Ich hatte mich noch nie vor dem Fliegen gefürchtet.

Aber jetzt war da diese neue Angst.

Was war nur los?

Ich realisierte, dass ich diese Angst überwinden musste, wenn ich meine Träume weiterverfolgen wollte. Mir blieb keine andere Wahl. Und dann verstand ich auf einmal, was los war.

Ich entfernte mich mit jedem Flug ein Stück weiter von meiner Vergangenheit, von dem, was ich für mein Leben gehalten hatte, von meiner Familie, von meinem Zuhause. Jede Abfahrt zum Flughafen offenbarte eine neue und nicht unbedingt angenehme Wahrheit:

Ich würde nicht nach London zurückkehren. Jedenfalls nicht allzu bald.

Denn ich war dabei, mir in den Staaten ein neues Leben aufzubauen.

Kein Wunder, dass mir der Flughafen Angst machte. Er stand für dieses neue, größere Leben, das gerade Gestalt annahm. Wenn ich diese Angst nicht überwand, würde mir nichts anderes übrigbleiben, als nach Hause zurückzukehren. An Ort und Stelle zu bleiben. Mein Leben würde wieder auf überschaubare Größe zusammenschrumpfen.

Ich begann zu verstehen, dass mir, weil ich mich so häufig an Flughäfen aufhielt, ein bisher ungekannter Luxus zuteilwurde.

Nämlich der, sich häufig an Flughäfen aufzuhalten. Mein Leben wurde spannender, aufregender, vielseitiger – einfach größer.

Die Frage war nur, ob ich diesem Wachstum Raum geben konnte. Manchmal stelle ich mir diese Frage heute noch.

Also habe ich mit neunundzwanzig Jahren wegen dieser Angst eine Therapie begonnen. Und im Gespräch über meine Flugangst merkte ich irgendwann, welche Erinnerungen und Enttäuschungen seit Langem unbewusst in mir schwelten. Mit der Zeit und der nötigen Unterstützung lernte ich, mich diesen inneren Konflikten zu stellen. Aber lösen konnte ich sie nicht.

Nichts wird je gelöst.

Doch ich fühlte mich mit der Zeit weniger von ihnen getrieben. Ich begriff, dass die Verzweiflung, die mich täglich begleitete, ihre Ursache in lange verdrängten Erlebnissen hatte. Was für ein Segen! Zu verstehen, dass die eigenen Handlungen mit Ereignissen zusammenhängen, die man weder verstanden noch verarbeitet hat. Man hat auf einmal wieder mehr Raum zum Atmen.

Seit mein Vater mich verlassen hatte, fühlte ich mich wie ein Hamster im Hamsterrad. Das war der Grund, warum ich mich ständig beweisen musste.

Beweisen, dass ich liebenswert war.

Dass ich Raum einnehmen durfte.

Dass ich gut genug war.

Aber so konnte es nicht ewig weitergehen. Ich hatte so hart für jemanden gearbeitet, der keine Ahnung hatte, wie sehr ich mich abrackerte. Doch ich lernte mit der Zeit und mit der Unterstützung meines Therapeuten, weniger streng mit mir zu sein. Dieses Verhalten ist nicht ganz weg (einmal süchtig, immer süchtig), aber es ist auf jeden Fall nicht mehr so extrem wie früher. Indem ich erkannte, was mich lange Zeit motiviert hatte, konnte ich es loslassen. Wenn ich heute mal wieder das Gefühl habe, mich selbst beweisen zu müssen, kann ich kurz in mich gehen und mich dann wieder auf meine wahren Ziele besinnen.

Ich bewies mir nach so langer Zeit endlich, dass ich genug war.

Und wenn man das einmal weiß, weitet sich der eigene Blick. Die Welt wird größer und man kann mehr in ihr bewirken. Die Therapie hat mir Türen geöffnet. Indem ich mir Hilfe suchte, habe ich die Hände ausgebreitet, um ein neues, ein größeres Leben zu empfangen.

Stell dir also auch selbst die Frage:

Wie groß soll dein Leben sein?

30

Zeig dich, wie du wirklich bist

Wenn man regelmäßig auf der Bühne steht, erlaubt man sich, gesehen zu werden und eine Verbindung zu einer Figur oder einem Song einzugehen. Man könnte meinen, es sei andersherum. Muss ich mich, wenn ich eine Rolle spiele, nicht selbst verstecken, damit die andere Person hervortreten kann?

Das Gegenteil ist der Fall. Indem ich ganz in die Figuren, die ich spiele, eintauche, werden sie durch meine Menschlichkeit, mein Herz und meine Seele, meinen Körper und meine Stimme, lebendig. Die Dinge, die *mich* ausmachen, erlauben es mir, die Figuren als Menschen zu verkörpern.

Kurz nachdem ich die Schauspielschule verlassen hatte, nahm ich an vielen Vorsprechen teil. Ich merkte schnell, dass alle, mich selbst eingeschlossen, sich für das Vorsprechen Kleidung anzogen, die zu der Rolle passte, für die sie sich bewarben. Das machte irgendwie keinen Sinn; hatten wir denn kein Vertrauen darin, uns vor der Jury allein durch die uns vorgegebenen Worte verwandeln zu können? Ich realisierte, dass wir besonders unser Haar nutzten, um uns zu tarnen und zu verstecken. Ich wollte mich nicht mehr verstecken. Ich wollte versuchen, mich nur aus mir selbst heraus zu verwandeln. Veränderung war notwendig. Er war an der Zeit, dass die Menschen mein Gesicht sahen, mir wirklich begegneten.

Ich sagte zu mir selbst: *Ich möchte, dass die Menschen nur noch mein Gesicht sehen, wenn ich einen Raum betrete.*

So nahm alles seinen Anfang. Ich wollte einen ganz neuen, ausgefallenen Haarschnitt und ging zu meinem Friseur, aber er war zu vorsichtig. An dem Tag verließ ich den Salon mit einer Frisur, die mir nicht gefiel. Ich hatte zugelassen, dass die Ängste und Projektionen dieser Person meine eigenen Entscheidungen beeinflussten. Eine Woche später betrat ich wieder den Salon. Doch dieses Mal hatte ich eine klare Vorstellung und war fest entschlossen. Ich erklärte, was ich wollte, und verließ den Salon mit genau dem radikalen Schnitt, den ich mir vorgestellt hatte. Mit dieser Frisur ließ ich die Welt wissen, dass meine Schönheit nichts mit meinen Haaren zu tun hat.

Haare sind für viele von uns ein aufgeladenes Thema. Daher fühlte ich mich mit diesem neuen Look emotional befreit.

Ich färbte meine Haare eine Zeit lang blond, dann kastanienbraun. Ich ließ sie mir immer kürzer schneiden. Sobald sie etwas ausgewachsen waren, färbte ich sie neu und schnitt sie noch weiter ab.

Als ich für *Die Farbe Lila* nach New York kam, hatte ich auf dieser Seite des Atlantiks anfangs noch keinen festen Stylisten. Also ließ ich mein Haar eine Zeit lang wachsen, bis ich jemanden fand, der es mir schneiden konnte.

Erst kurz vor *Wicked* rasierte ich es mir komplett ab. Was für eine Befreiung! Jetzt mache ich das einfach selbst.

Diese Verwandlung hatte ihren Anfang in dem Moment, in dem ich beschloss, dass ich von anderen wirklich gesehen werden wollte. Und wenn ich jetzt an die ganzen Vorsprechen zurückdenke, bei denen wir alle gleich aussahen, begreife ich, dass ich einfach mehr sein wollte. Mehr als genug.

Ich dachte häufig daran, wie ich als kleines Mädchen die Königin im *Kaukasischen Kreidekreis* spielte. Wir hatten fast nichts – ein Laken als Kostüm, eine improvisierte Krone, kein Set – und erschufen dennoch etwas Magisches. Ich wollte bei meinen zukünftigen Vorsprechen nun dasselbe tun. Ich wollte, dass sie meine Verwandlung sahen.

Von da an trug ich bei Vorsprechen immer einen Sweater und Jeans, flache Schuhe und sehr kurzes Haar. Du kriegst, was du siehst. Das hat für mich alles verändert, weil ich mich jetzt beim Betreten des Raumes wohlfühlte. Ich war entspannt. Und das Castingteam konnte wirklich sehen, was ich tat.

Oh, sie hat sich verwandelt! Ich sehe die Figur in ihrem Kleid förmlich vor mir.

Keine Tricks, nichts.

Ich erweckte die Figur allein mit meiner Stimme, meinem Körper und meinen Bewegungen zum Leben. Keine Requisiten, kein Make-up und kein Kostüm. Darin liegt die wahre Kraft der Schauspielerei. Und weil ich alles Unnötige wegließ, wurde die Metamorphose erst richtig sichtbar. Ich selbst war nur noch die weiße Leinwand, auf der sie sich abspielte.

Die Wahrheit ist:

Ich will, dass die Menschen mein wahres Ich sehen.

Kannst du dich so zeigen, wie du wirklich bist?

Ich verspreche dir: Das wird alles verändern.

31

Lass dich überraschen

Das Leben steckt voller Überraschungen. Wir können sie als Gefahr betrachten oder noch unentdeckte Freuden willkommen heißen. Interessanterweise fühlen sich Angst und Aufregung im Körper oft ähnlich an: Ein Adrenalinkick, Herzklopfen, ein Ziehen in der Brust. Wenn mich solche Gefühle überrollen, versuche ich offen für sie zu bleiben und staune dann häufig darüber, welche Überraschungen sie mit sich bringen.

Ich habe viele verschiedene Rollen in Theaterstücken und Musicals gespielt und es war mir jedes Mal eine Ehre. Erst als *Die Farbe Lila* auslief, hatte ich das Gefühl, Harriet Tubmans Geschichte körperlich und geistig gewachsen zu sein. Denn es ist gar nicht so einfach, Körper und Geist zusammenzubringen. Es braucht eine gewisse geistige Ausdauer und körperliche Stabilität, um ihre Wahrheit auszusprechen.

Ich war bereit. Ich wollte, dass das Publikum sie als einen echten, atmenden Menschen sieht. Harriet: diese kleine, Schwarze, leicht zu unterschätzende Frau, mit ihrer unermesslichen Kraft und ihrem unglaublichen Mut. Ich hatte das Gefühl, ihre Geschichte unbedingt beschützen und ihr wichtiges Erbe erhalten zu müssen.

Für die Zuschauerinnen war sie schon eine Superheldin. Harriet Tubman ist eine Ikone, die ihresgleichen sucht. Ich aber wollte, dass die Menschen verstanden, dass sie zuallererst eine junge Frau mit ganz eigenen Wünschen war. Sie verliebte sich und litt unter Liebeskummer, als diese Liebe zerbrach. Das ist der wahre Grund für ihre erste Rückkehr nach Maryland: ihr Ehemann. Ich liebte es, ihre Menschlichkeit zu betonen, um dem Publikum zu zeigen, wie schwer es für sie war, immer wieder dorthin zurückzureisen. Immer. Sie brachte sich jedes einzelne Mal in Lebensgefahr. Und sie tat das, weil sie die Erfahrung der Freiheit mit anderen teilen wollte. Sie wollte, dass andere diese Freiheit gemeinsam mit ihr erlebten. Das ist es, was ich zeigen wollte. Ich wollte sie als Menschen zeigen.

Und dann Aretha Franklin, eine weitere amerikanische Ikone und Heldin. Meine Mutter hatte zu Hause immer ihre Musik gehört. Aber es war gar nicht so einfach, sie zu spielen und sich ihre Gewohnheiten anzueignen. Ihr Gesang faszinierte mich, weil er immer unvorhersehbar blieb. Alles hing vom jeweiligen Song und von ihrer Stimmung am Tag des Konzerts ab. Ich war wie verzaubert von ihr. Sie ist so einzigartig und ihr Leben war nicht immer einfach. Aber die Art und Weise, wie sie ihre Erfahrungen in ihre Musik und ihre Songs einfließen ließ, war persönlich und stark und unverwechselbar. Sie trat wie keine andere mit der Musik in Verbindung und schaffte es, allen Songs eine persönliche Note zu geben. Ganz egal, ob sie gerade einen Gospelsong sang oder mit George Michael, Annie Lennox und Lauryn Hill zusammenarbeitete. Ihre Kreativität war grenzenlos. Und dafür liebte ich sie.

Ich hoffe, ich habe sie mit meinem Porträt stolz gemacht. Ich habe mein Bestes gegeben. Sie hat es absolut verdient, von allen gefeiert zu werden. Sie hat so hart gearbeitet und so viele Menschen berührt. Und man kennt sie wirklich überall auf der Welt. Egal, wo man hingeht: In fast jedem Land der Erde wissen die Menschen, wer Aretha Franklin ist.

Und welche Überraschung wartete nun auf mich?

Ich wurde für meine Rolle der Aretha für einen Emmy Award als Beste Hauptdarstellerin in einer Miniserie oder einem Fernsehfilm nominiert. Außerdem war ich bei den Oskars für *Harriet* in den Kategorien Bester Filmsong und Beste Hauptdarstellerin nominiert. Ich bin für diese Ehrungen unendlich dankbar. Zusammen mit den Preisen für *Die Farbe Lila* war ich auf dem besten Weg, mit dreißig Jahren einen EGOT (Emmy, Grammy, Oskar und Tony Award) zu haben.

Damals fühlte es sich etwas komisch an. Was ging nur vor sich? Wieso ging alles so schnell? Ich war völlig überrumpelt. Aber seitdem habe ich gelernt, so gut wie möglich im Moment zu leben. Ich gehe einfach mit dem Flow. Was auch immer auf mich zukommt, ich lasse mich darauf ein. Ich will da sein, wenn es geschieht – nicht erst danach. Früher habe ich solche Ereignisse oft erst im Nachhinein realisiert. *O mein Gott, was ist da gerade passiert?* Jetzt aber möchte ich jeden Moment erleben. Ich will für die Überraschungen leben – und eigentlich ist ja fast alles eine Überraschung. Ich hoffe, dass ich auch mit sechzig, siebzig, achtzig und neunzig Jahren noch offen für Überraschungen sein werde.

Welche deiner Errungenschaften möchtest du bewusster erleben? Kannst du dich ganz auf sie einlassen? Kannst du dir selbst erlauben, zu sehen, wie einzigartig du bist?

32

Was mich nicht angeht, interessiert mich auch nicht

Ich glaube fest daran, dass alle Erfahrungen, die wir in unserem Leben machen müssen, uns auch finden werden. Und was mich nicht angeht, interessiert mich auch nicht. Das war mein Motto, als ich hörte, dass an einer Filmversion von *Wicked* gearbeitet wurde. Ich wusste, dass sie nach Schauspielerinnen für den Film suchten, und wies mein Team an, mir nichts davon zu erzählen.

Ich will nichts darüber wissen. Sprecht mich nur darauf an, wenn ich für die Rolle infrage komme.

Tief innen wusste ich, dass ich liebend gerne in dem Film mitspielen würde. Aber ich ignorierte das Filmprojekt, um mich für den Fall, dass ich die Rolle nicht bekäme, vor dem Schmerz zu schützen. Ich sagte zu mir: *Wenn ich nicht darüber nachdenke und nichts darüber weiß, kann ich einfach weiter mein Ding machen. Ich will mir keine Hoffnungen machen, nur um dann enttäuscht zu werden.*

Ich blieb also absichtlich unwissend und konnte ich mich auf andere Dinge konzentrieren. Ich wollte mich nicht von irgendwelchen Hoffnungen ablenken lassen, die vielleicht nie wahr werden würden. Ich hatte nun mal viel zu tun und musste weiter meine Arbeit machen.

Dann traf ich auf einem Event den Regisseur Jon Chu und wir kamen ins Gespräch.

Wir haben ein neues Filmprojekt, sagte er.

Davon habe ich schon gehört. Du führst Regie? Toll!

Wir unterhielten uns über Elphaba. Über ihre Persönlichkeit.

Es war ein freundliches, zugewandtes Gespräch, ganz ohne Druck.

Wir trafen uns ein zweites Mal über Zoom, und ich erzählte ihm, wer Elphaba für mich war und was ich für die Rolle mitbringen würde. Und das war's dann fürs Erste.

Wieder sagte ich zu meinem Team: *Sprecht mit mir nur darüber, wenn ich für die Rolle infrage komme.*

Sie sagten: *Vielleicht wollen sie dich sehen. Wahrscheinlich sogar.*

Sprecht mit mir nur dann darüber, wenn ich für die Rolle infrage komme.

Dann kam der Anruf: Sie wollten mich sehen.

Vielleicht war ich die letzte Person, die zum Vorsprechen eingeladen wurde.

Vielleicht ging mich das alles ja *doch* etwas an.

33

Trainiere wie eine Boxerin

Große Ereignisse in unserem Leben erkennen wir manchmal erst rückblickend als solche. Manchmal wissen wir es aber auch genau in dem Moment, in dem sie geschehen. Das Ereignis blinkt neonfarben und sagt: *Hier lang geht's. Immer weiter. Du bist gleich da.* In solchen Momenten muss man alles geben. Sich konzentrieren. Arbeiten.

So war es bei *Wicked*.

Ich hatte drei Wochen, um mich vorzubereiten. Viel mehr als die zwei Tage, die ich für *Die Farbe Lila* hatte. So kann es gehen. Ich bekam die Musik und alle Szenen und machte mich an die Arbeit. Wie beim Training. Als wäre ich eine Boxerin. Sportlerinnen und Sportler haben eine Disziplin, die sich auch auf andere Lebensbereiche überträgt: Wir setzen uns Ziele, achten auf unsere Fortschritte, vertrauen darauf, dass unsere Beine und das Training uns weiterbringen, und geben nicht auf. Nichts kommt ohne echte Hingabe und den Willen zustande, etwas bis zum Ende durchzuziehen. Wir vertrauen nicht auf den Zufall und ruhen uns nicht auf den Lorbeeren früherer Erfolge aus. Wir lassen uns von nichts ablenken und bereiten uns umfassend vor. Wir versuchen, das Beste aus uns herauszuholen.

Als Teil meines Trainings sang ich die *Wicked*-Songs beim Laufen, um sie mit Leib und Seele aufzusaugen. Ich wollte die Musik und die Dialoge in meinem Körper spüren, um dann beim Vorsprechen gar nicht mehr über Lyrics und Melodie nachdenken zu müssen. Alles würde einfach in meine DNA übergehen.

Ich übte meinen Part immer und überall. Ich sang die Songs unter der Dusche. Am Tag des Vorsprechens schwamm ich einige Bahnen und versuchte, die Songs dabei zu singen.

Mit jeder Woche, jedem Tag, jeder Stunde und jeder Minute kam ich meinem Ziel einen Schritt näher.

Ich wollte Elphaba werden.

Ich erschien zu früh zum Vorsprechen und war die erste Stunde allein dort. Ich übte mit dem Pianisten, was vor einem Vorsprechen ein echter Luxus ist. Er war großartig und spielte – für ein Vorsprechen sehr unüblich – mit Gefühl und Geduld.

Ich fühlte mich geerdet. Ich trug nichts Besonderes, nur ein T-Shirt und Jeans, ein paar bequeme Sneaker – oder irgendwelche anderen flachen Schuhe? Ich habe es vergessen … Ach ja, und ich trug einen roten Strickcardigan, weil er weich und kuschelig war und ich mich wohlfühlen wollte. Denn wenn ich mich wohl in meinem Körper fühle, kann ich auch in der Kunst entspannen.

Es war mir wichtig, mich im Moment des Vorsprechens nur auf meine Performance zu konzentrieren. Und das tat ich dann auch. Ich dachte überhaupt nicht an mich selbst. Ich dachte nur an Elphaba. Ich spürte sie.

Vor einem der Songs fragte Jon nach meiner Verbindung zu Elphaba.

Und obwohl ich mir über die Jahre immer wieder Gedanken darüber gemacht hatte, hatte ich es noch nie laut ausgesprochen.

Dieses Musical war während meiner Zeit an der Schauspielschule meine Rettung. An schlechten Tagen, an denen mir schrecklich bewusst wurde, wie fehl am Platz ich mich dort fühlte, was für eine Außenseiterin ich war, ging ich mich mit meinem Freund Michael ins Musikzimmer. Dort sangen wir gemeinsam diese Songs. Wir blieben in diesem kleinen Raum, bis wir zurück zum Unterricht mussten. Dieser Song war meine Zuflucht. Dieser Song hat mir in einer sehr verletzlichen Phase meines Lebens Sicherheit gegeben.

Als ich das erzählte, wurde ich emotional, weil es das erste Mal war, dass ich jemandem von meiner damaligen Entfremdung erzählte. Davon, dass ich mich allein gefühlt hatte. Wie ein Freak, eine absolute Außenseiterin.

Heute weiß ich, dass es sich manchmal so anfühlt, mehr als genug zu sein.

Aber damals war diese Musik meine Rettung. Wenn ich die Songs sang, fühlte ich mich sicher. Elphaba war in meine Seele übergegangen.

Als ich fertig gesprochen hatte, bat Jon mich, zu singen. Und in dem Moment hätte mich niemand von der Überzeugung abbringen können, dass ich dabei Elphabas Umhang trug. Dass ich ihren Besen in der Hand hielt. Jedes Gefühl, jede Nuance ihres Wesens lebte in mir. Ihr Besen war mein Besen; ihre grüne Haut, meine. Meine Stimme, ihre. Alles kam zusammen. Ich fühlte mich lebendig.

Und das ist ein weiteres Zeichen im Leben:
Wenn du dich *so* lebendig fühlst
Machst du genau das, was du tun sollst.

34

Keine Spielchen, Jon

Die darauffolgenden Wochen waren die Hölle
Ich will nichts davon hören!, sagte ich immer wieder
Aber innerlich dachte ich immer nur
Wann melden sie sich endlich?
Um Himmels willen, bitte, wann melden sie sich endlich?
Ich war in London, schlug die Zeit tot und wartete
Hoffte
Wird es geschehen?
Wird es nicht geschehen?
Habe ich die Rolle?

Ich bekam eine Mail von meinem Team
Sie hätten ein Drehbuch, das gut zu mir passen würde
Hast du Zeit für ein Online-Meeting?, schrieben sie
Es war ein Uhr morgens
Das kann warten, antwortete ich
Dann bekam ich eine Nachricht von meiner Agentin

Das Online-Meeting ist wirklich wichtig. Jetzt sofort, damit sie es sich nicht anders überlegen
Warum wussten alle, dass ich wach war?
Warum sollte ich um diese Uhrzeit an einem Call teilnehmen?
Aber sie kannten mich
Ich *war* wach und hatte Zeit für ein Meeting
Ich trug einen Schlafanzug, aber wen störte das schon
Es waren ja nur mein Team und ich.

Ich setzte eine Brille auf und machte es mir auf dem Sofa
bequem
Als ich mich einloggte, tauchte Jon Chus Name auf
Aber nicht sein Gesicht.
Was?
Mein erster Gedanke war
Dass er wohl auch Interesse an dem Drehbuch hatte.
Als sein Gesicht auf dem Bildschirm erschien
Lachten wir beide
Ich hatte es immer noch nicht kapiert
Willst du mit mir über dieses Drehbuch sprechen?, fragte ich
Wer moderiert diesen Call?
Das alles machte keinen Sinn.
Überhaupt. Keinen. Sinn.

Dann sprach Jon über dieses Mädchen an der
Schauspielschule
Das in schlechten Momenten immer
In einen bestimmten Raum ging, um zu singen

Eines Tages betritt sie den Raum und singt einen Song über dieses grüne Mädchen
Da machte es klick in meinem Kopf
Spiel keine Spielchen, Jon, warnte ich ihn.
Ich wollte es noch nicht glauben
Spiel keine …

Ich habe keine Ahnung, von welchem Planeten du kommst, sagte er
Aber ich finde, die Welt muss mehr von dir sehen
Ich konnte nicht mehr
Wir wollen, dass du unsere Elphaba bist
Ich weinte nur noch
Ich legte den Kopf auf meinen Armen ab
Meine Brille rutschte
meine Stirn hoch
Ich schluchzte und die Tränen liefen
Und ich konnte nur sagen
Vielen Dank

Ein verrückter Moment
Für mich ist damals ein Traum wahrgeworden, der seit Langem unbemerkt in mir schlummerte
Und jetzt zum Greifen nah war
Erst später realisierte ich, dass ich *Wicked* fast genau
Zehn Jahre zuvor
Zum ersten Mal live in London gesehen hatte
Damals, mit zwanzig Jahren, an der Schauspielschule
Und an meinem fünfundzwanzigsten Geburtstag, als ich das Musical ein zweites Mal sah

Wurde die Saat gepflanzt
Und selbst damals hätte ich mir nie erträumt, einmal selbst Elphaba zu sein
Und jetzt
zehn Jahre später
war diese Saat endlich
bereit
zu
blühen.

Welche Träume schlummern unbemerkt in dir?

35

Ein Pakt fürs Leben

Das Leben ist hart. Und es ist noch härter, wenn wir beschließen, uns allein durchzukämpfen. Wir brauchen niemanden. Wir trauen niemandem. Alle aus dem Weg.

Ich habe eine Zeit lang versucht, so zu leben, und hatte keinen Spaß dabei. Seitdem habe ich gelernt, wie viel echte Freude, kreative Kraft und tiefe Befriedigung darin steckt, gemeinsam Kunst zu erschaffen und vertrauensvolle Beziehungen einzugehen.

Das alles begann mit der Arbeit an *Wicked.*

Jon Chu organisierte ein Kennenlerntreffen für alle, die am Film mitarbeiten würden: Ich, Winnie Holzman und Dana Fox, Koautorinnen des Drehbuchs, Stephen Schwartz, Komponist und Songschreiber, Stephen Oremus, Musikdirektor und Arrangeur, Marc Platt, unser großartiger Produzent, und natürlich Ariana Grande.

Jon Chu, unser zukünftiger Maestro, war ein freundlicher, zugewandter Gastgeber und sorgte für eine entspannte Atmosphäre.

»Seid alle willkommen«, sagte er. »Wir begeben uns jetzt gemeinsam auf eine großartige Reise.«

Er hatte mit dem Kostümdesigner Paul Tazewell schon vorgearbeitet und legte auf einem Tisch Zeichnungen einiger möglicher Kostüme für uns aus. Er hatte auch kleine, gelbe Ziegelsteinwege für jeden von uns. Wir signierten sie, sodass jeder einen mit der Unterschrift eines anderen erhielt.

Wir aßen gemeinsam zu Abend, und jemand schlug vor, Ari und ich sollten mit der Begleitung von Stephen Schwartz eines unserer Duette singen. In dem Moment würden Aris und meine Stimmen zum ersten Mal zusammen erklingen.

Zum ersten Mal mit jemandem zu singen, ist eine intime Angelegenheit. Man fühlt sich verletzlich. Man muss sich der anderen Person öffnen, um sie ganz zu hören. Man muss zulassen, dass man selbst gehört wird. Nur so verbinden sich die Stimmen.

Wir hatten nicht geübt. Wir hatten diesen Song noch nie zusammen gesungen und würden das jetzt vor Publikum zum ersten Mal tun.

Ein Risiko. Würden unsere Stimmen überhaupt zusammenpassen? Ich war ein bisschen nervös.

Wir atmeten tief ein, lächelten uns an und öffneten die Münder. Unser beider Gesang erfüllte den Raum und vermischte sich dabei auf unglaubliche Weise. Wir waren überrascht und aufgeregt, sangen aber weiter.

Unsere Stimmen sind sehr, sehr unterschiedlich. Aber wenn wir zusammen singen, ergänzen sie sich sehr harmonisch – Ari sagt immer, dass sie einander »umschlingen«. Es war erstaunlich. Unsere so unterschiedlichen Stimmen fanden irgendwie zueinander und verschmolzen.

Es funktionierte einfach.

Wir spürten es. Die anderen spürten es. Es war magisch.

Tränen flossen. Wir waren sprachlos.

In dieser Nacht bekamen wir eine Vorahnung von dem, was noch kommen würde. Wenn wir so singen konnten, ohne je gemeinsam gesungen zu haben, wenn wir ohne jede Übung eine solche Magie erzeugten, wenn unsere beiden Stimmen gemeinsam eine solche Kraft entwickelten, ohne jedes Make-up, ohne jedes Kostüm, dann konnten wir wirklich Großes schaffen. Wir würden dem gelben Ziegelsteinweg überallhin folgen.

Um uns nicht von diesem Weg abbringen zu lassen, schlossen Ariana und ich einen Pakt, noch bevor die Arbeit an *Wicked* richtig losging. Wir versprachen, einander bei diesem Prozess zu beschützen, aufeinander aufzupassen. Man hört oft, dass weibliche Hauptdarstellerinnen – und auch Hauptdarsteller – sich von ihren Egos leiten lassen und einander irgendwann nur noch bekämpfen. Das stört den kreativen Prozess aller Beteiligten. Wir waren fest entschlossen, das Gegenteil zu tun. Das Gegenteil zu sein. Einander zu stärken und zu ermutigen und zu sehen, ob wir, wie unsere Stimmen, gemeinsam mehr werden konnten als die Summe unserer Teile. Wir waren zwei Frauen, die entschlossen waren, durch gegenseitige Unterstützung gemeinsam zu wachsen. Mehr als genug zu sein.

Jeden Tag trafen wir gemeinsam Entscheidungen und gingen weiter unseren Weg. Es hieß nie: »Ich bin hier und sie ist da drüben.« Nein, wir arbeiteten zusammen.

Wir passten immer aufeinander auf. Unsere Partnerschaft war uns wichtig. Wir spürten die gleiche Energie, die gleiche Leidenschaft für das Authentische. Das und die natürliche Verbindung, die wir am Set und auch außerhalb davon pflegten, erlaubte es uns, einander emotional und beruflich zu unterstützen.

Wenn ich vor einer anspruchsvollen Szene ein wenig Privatsphäre und Zeit für mich brauchte, setzte sie sich für mich ein. *Hey, sie braucht ein bisschen Ruhe.*

Und wenn Ari etwas brauchte, stand ich für sie ein. Wir unterstützten uns gegenseitig, ganz egal, wer von uns wann welches Bedürfnis hatte. Wenn wir eine emotionale Szene drehten, wünschte Ari sich Verbindung und Nähe. Also setzte ich mich zu ihr und war für sie da.

Wenn wir am Set das Gefühl hatten, dass wir eine Pause brauchten, aber nichts von dem, was wir uns aufgebaut hatten, zerstören wollten, sprachen wir miteinander.

Sollen wir um eine kleine Auszeit bitten?

Ja.

Und dann sprachen wir es gemeinsam an: *Wir hätten, wenn möglich, gerne eine Pause.*

Wir versuchten, uns während der gemeinsamen Arbeit so gut es ging zu unterstützen, und sprachen regelmäßig miteinander. Manchmal mussten wir uns in schwierigen Situationen verletzlich zeigen. Wenn ich einen schlechten Tag hatte, sprach ich mit ihr darüber. Das waren keine besonders schönen Gespräche, aber sie hörte mir zu. Genauso, wie ich ihr zuhörte. Wenn sie etwas zu besprechen hatte, telefonierten wir oder besuchten einander.

Wir waren füreinander da, nicht nur in den guten, sondern auch in den schwierigen Momenten. So lernten wir, einander zu vertrauen. Und nur durch dieses Vertrauen und diese Gemeinschaft konnten wir die Ehrlichkeit und Intimität aufbringen, die es braucht, um einen so großartigen Film zu realisieren.

Ohne diese Intimität wäre das nicht möglich gewesen. Aber wir haben unsere Beziehung nicht nur für *Wicked* bewusst vertieft.

Wir waren zwei unterschiedliche Menschen, zwei Frauen, die lernten, zusammenzuarbeiten und einander zu vertrauen. Auch bei *Wicked* geht es um zwei Frauen, die lernen, einander zu lieben, und genau das haben wir auch selbst so gelebt, egal ob vor der Kamera oder im echten Leben.

Wir sind einander zur Familie geworden.

Und jetzt sind unsere Chats wie ein unendliches Rezitativ. Wir sprechen oder schreiben einander fast jeden Tag, auch wenn es nur ein *Hey, hab einen schönen Tag* oder ein *Wie geht's?* ist.

Wir gehen gemeinsam durch die Höhen und Tiefen des Lebens.

Das ist für mich echte Partnerschaft. Wir haben dem Stereotyp der zankenden, zickenden, einander bekämpfenden Frauen am Set etwas entgegengesetzt. Wir haben uns zusammengetan.

Gibt es jemanden in deinem Leben, mit dem du einen Pakt schließen kannst, in dem ihr euch schwört, einander zu unterstützen und zu vertrauen? Das Leben ist auch so schon hart genug. Hilf einer anderen Person und lass auch dir selbst helfen.

TEIL DREI

Den Rest des Weges läufst du mit dem Herzen

Beim letzten Drittel eines Marathons schöpfst du aus den Reserven. Du hast harte Arbeit geleistet. Jetzt spürst du, wie dein weites, zartes Herz dich vorwärtsbringt und über die Ziellinie trägt. Ein Schritt nach dem anderen. Mehr braucht es nicht.

36

Dafür tust du das alles

Wir tun unsere Arbeit und hoffen, etwas zu bewirken. Wir rackern Tag für Tag, geben unser Bestes, teilen die Gaben, die wir zu verschenken haben, und lassen uns treiben. Manchmal sagen die Menschen, wir seien zu viel, und dann fragen wir uns vielleicht, warum wir das alles eigentlich tun und ob es die Anstrengung wert ist.

Das ist okay. Mach weiter. Lauf weiter. Mach den nächsten Schritt.

Denn schwierige Tage bringen manchmal auch großartige Chancen mit sich.

Ich denke dabei an die Flugszenen, die ich für *Wicked* drehen musste. An diesen Szenen zu arbeiten, war aufregend und hat großen Spaß gemacht. Aber es war für mich körperlich auch sehr anstrengend und oft nicht einfach. Mein Körper hat dabei viel durchgemacht.

Auch wenn es auf der Leinwand vielleicht nicht so aussieht: Ich musste beim Fliegen die meiste Arbeit *selbst* erledigen. Nehmen wir zum Beispiel die Szene, in der ich eine Schleife fliege. Man könnte meinen, dass das Crewmitglied, das die Seile bedient, die ganze Arbeit für mich macht. Aber die Seile bringen mich nur von Punkt A zu Punkt B. Ich bin diejenige, die die Schleife mit ihrem Körper ausführen muss. So ist das nun mal im Leben: Auch wenn uns andere helfen, müssen wir die meiste Arbeit selbst leisten.

Ich übte das Fliegen tagelang und versuchte, herauszufinden, wie ich mein Gewicht verlagern muss. Manchmal ging alles schief und ich dachte nur: *Wie soll ich das jemals schaffen!* Ich probierte alles Mögliche, fiel aber ständig hin. Nichts klappte.

Das erinnerte mich an ein Zitat von Samuel Beckett. »Schon mal versucht. Schon mal gescheitert. Ganz gleich. Erneut versuchen. Erneut scheitern. Besser scheitern.«

Das klingt gestochen und hochtrabend. Aber Samuel Beckett musste sich wahrscheinlich auch nie mit den Scheuerwunden eines solchen Gurts herumschlagen.

Scheuerwunden klingen erstmal harmlos, bis man selbst welche hat. Auf ein »Der Gurt kann ganz schön scheuern« erntet man meist nur halbherzige Lacher. Dabei rieb der Gurt ständig und immer wieder so stark an meinen Hüften, dass die Haut sich entzündete. Mit Scheuerwunden ist also wirklich nicht zu spaßen. Stundenlang in einem Gurt zu hängen, wirkt sich aber auch anderweitig auf den Körper aus; die Haut wird in alle möglichen Richtungen gezogen. Und dann sollte ich auch noch fliegen und dabei singen. Es war einfach zu viel. Und manchmal echt zermürbend.

Ich hatte überall blaue Flecken. Einmal sogar Nasenbluten. Meine Fingernägel brachen ab. Ich landete ständig auf den Knien. Eine Hautstelle an meinem linken Oberschenkel wurde ganz taub. Das fühlte sich sehr komisch an.

Aber nach Stunden und Tagen des Scheiterns machte es plötzlich klick. Ich merkte: *Ah, wenn ich meine Hüften und Beine anspanne, während ich sie nach hinten schwinge, bleibe ich gerade.*

Es war Learning by Doing. Und nebenbei habe ich auch noch etwas über Aerodynamik gelernt.

Eines Tages kam die zehnjährige Karis Musongole ans Set. Sie spielte die junge Elphaba. Ich war schon in der Maske gewesen und sie war einfach begeistert von Elphaba. Ich versuchte, so oft wie möglich Zeit mit ihr zu verbringen. Das war zwar nicht sehr häufig, aber es war mir wichtig, das Mädchen kennenzulernen, das die jüngere Version meiner selbst spielte.

Einmal filmten wir gerade eine Szene und ich fragte sie: »Willst du sehen, wie ich fliege?«

Sie sagte Ja.

Sie wurde zum Monitor gebracht. Ich flog in der Szene einen einfachen Sinkflug. Sie sah, wie die Seile mich hochhoben, und fragte: »Wie landet sie denn?«

Jemand antwortete ihr: »Das wirst du gleich sehen …«

Als ich losflog, hörte ich ihre Kinderstimme im Echo: »Boah!«

Das war's: Boah. Darin lag die Welt.

Sie machte große Augen, war begeistert, staunte. Sie konnte in ihrer kindlichen Unschuld und mit ihrer ausschweifenden Vorstellungskraft nicht glauben, was sie sah. Sie spielte die jüngere Version von Elphaba und ich zeigte ihr, was möglich war. Obwohl sie gesehen hatte, wie ich von den Seilen hochgezogen wurde, glaubte sie, ich flöge tatsächlich.

Sie glaubte es wirklich.

Und wenn ich fliegen konnte, konnte sie es vielleicht auch.

Das nächste Mal, wenn meine Hüften brannten und meine Knie von all den Flugversuchen schmerzten, dachte ich an diesen Moment.

Boah.

Dafür tust du das alles.

37

Es gibt keine kleinen Tage

Der Tag, an dem ich für Karis flog, war oberflächlich betrachtet vielleicht ein kleiner, gewöhnlicher Tag. Aber er war nicht wirklich klein, weil es keine kleinen Tage gibt. Ich sagte immer zu Ari: »Kein Tag ist klein. Jeder Tag ist ein großer Tag.«

Nehmen wir die Szene, in der ich »I'm Not That Girl« singe. Da bin nur ich, ganz allein in einem Wald und alles kommt zusammen. Ein großer Tag.

Dann »The Wizard and I«. Am Anfang der Szene befindet sich Elphaba in der Universität. Am Ende steht sie ganz oben auf einem Berg. Sie erklimmt buchstäblich einen Gipfel und geht bis an den Abgrund. Das ist ganz bestimmt kein kleiner Tag.

Und als Elphaba über den Hass spricht, den ihr Vater ihr entgegenbrachte, und dabei in den Spiegel blickt und gesagt bekommt, dass sie schön ist? Noch so ein großer Moment.

Beim Dreh von *Wicked* hatten wir manchmal das Gefühl, vor einer gigantischen, unmöglichen Aufgabe zu stehen. Wir mussten dieses große Ganze in kleine, schaffbare Teile aufteilen und den besonderen Charme jeder einzelnen Szene finden. Denn auch innerhalb der kürzesten Frames gab es große Momente, die uns emotional sehr herausforderten.

So ist es auch bei einem Marathon, und überhaupt im Leben. Alle Momente sind wichtig, summieren sich auf, wachsen. Wir müssen jeden von ihnen von ganzem Herzen wahrnehmen.

Und Augenblick um Augenblick entsteht so ein ganzes Leben.

Ich liebe an Elphabas Persönlichkeit besonders, dass sie in der Lage ist, bei anderen Menschen hinter die Fassade zu blicken. Sie tut das mit Fiyero und mit Dr. Dillamond. Sie tut es mit dem Zauberer und sogar mit Madame Akaber, obwohl sie dafür eine Weile braucht. Anfangs fühlt sie sich von ihr akzeptiert. Madame Akaber gibt ihr die Anerkennung, nach der sie sich schon immer gesehnt hat.

Mein ganzes Leben lang wurde ich gehasst und jetzt hält mich Madame Akaber für talentiert. Die seltsame Kraft in mir, das, was ich für mein Verhängnis hielt, ist in ihren Augen eine Gabe!

Das ist sehr aufregend für sie. Kein Wunder, dass sie Madame Akaber erst durchschaut, als es fast zu spät ist.

Doch obwohl es wehtut, sich von dem positiven Bild von Madame Akaber, das sie so gerne für wahr gehalten hätte, zu verabschieden, verschließt Elphaba nicht die Augen. Sie durchbricht den Schein und sieht die wahre Madame Akaber.

Wahrscheinlich ist Elphaba dazu fähig, weil sie ihren eigenen Schmerz so lange im Verborgenen hielt und ihr Leid versteckte, um sich selbst zu schützen. Kennst du das auch? Menschen, die selbst Mauern hochziehen, erkennen die Mauern anderer Menschen sofort. Uns täuscht niemand.

Aber wie Elphaba können auch wir lernen, loszulassen.

Wenn wir sehen, dass andere sich aus Selbstschutz einmauern, können wir uns selbst hinterfragen. *Welche Fassaden habe ich errichtet? Was versuche ich vor meinen Mitmenschen zu verbergen?*

Wenn wir das einmal begreifen, können wir loslassen. Genau wie Elphaba.

Ohne diese Mauern sehen die Menschen, wer du wirklich bist und was du zu geben hast.

Dann können wir jeden Tag in dem Wissen beginnen, dass kein Tag umsonst ist. Wir sehen klar. Wir blicken hinter die Fassaden und erfassen unser Leben in seiner ganzen Größe.

38

Nein, du musst jetzt nicht auf die Toilette!

Ich bin ziemlich diszipliniert und das war mir schon oft eine große Hilfe. Manchmal kann Selbstdisziplin allerdings auch schaden, beispielsweise beim Laufen. Ich weiß, dass ich über meine Grenzen hinausgehen kann. Daher dränge ich mich dazu, weiter und schneller zu laufen, als ich eigentlich möchte. Wenn ich mich nicht verletzen will, muss ich aber lernen, ein Gleichgewicht zu finden. Dazu muss ich auf meinen Körper hören – und das ist leichter gesagt als getan. Es fällt mir schwer, nachsichtig mit mir selbst zu sein und Maß zu halten.

Bei den Dreharbeiten zu *Wicked* war ich allerdings froh, dass ich bestimmte Bedürfnisse auf später verschieben konnte, in der Gewissheit, dass mein Körper das schon irgendwie hinkriegen würde. Manchmal muss man einfach auf solche Fähigkeiten zurückgreifen.

Wenn ich allein daran denke, was alles nötig war, um Elphaba zum Leben zu erwecken! Ihre Haare zu stylen, ihr Make-up aufzutragen und ihre Kostüme anzuziehen, war anstrengend und zeitaufwändig. Allein das Abschminken nach Feierabend dauerte anderthalb Stunden und ich war oft die Letzte am Set.

Elphabas Make-up war sorgfältig durchdacht. Abgesehen von ein paar Nuancen, die meine Gesichtszüge und Konturen betonen sollten, war alles, was auf mein Gesicht aufgetragen wurde, grün. Grüner Eyeliner, grüner Lidschatten, grüner Lippenstift und grüner Konturenstift. Alle möglichen Grüntöne, wir nutzten jedoch verschiedene Schattierungen, um eine Tiefenwirkung zu erzielen. Das war mir wichtig. Wir hatten sogar grünes Gel für Elphabas Handflächen.

Sobald ich grün war, schlüpfte ich in mein Kostüm, das aus mehreren Schichten bestand. Grüne Strumpfhosen, die zu meinem Ganzkörper-Make-up passten. Darüber Netzstrümpfe, die liebte ich ganz besonders. Dann folgte ein fest geschnürtes Korsett, das ich täglich anlegte, egal welches Kostüm ich darüber anzog.

Wenn ich an einem Drehtag fliegen sollte, trug ich außerdem einen Gurt und einen speziellen Anzug mit Aufhängepunkten, über die man den Gurt mit den Seilen verbinden konnte. Dieser Gurt musste fest sitzen, um einen Sturz zu verhindern.

Das Problem war nur: Es war ein Riesenaufwand, das alles, einschließlich der ganzen Seile, wieder auszuziehen. Also sagte ich mir jeden Morgen gegen sieben oder acht Uhr: »Okay, das war's jetzt für die nächsten zwölf oder vierzehn Stunden. Ich muss heute nicht mehr auf Toilette.« Wahrscheinlich war das eine ganz furchtbare Idee, aber es ging eben nicht anders. Den ganzen Tag über fragten mich die Leute am Set immer wieder, ob ich nicht mal auf die Toilette müsse. Aber ich musste nicht. Und das war nicht einmal gelogen.

Denn wie sich herausstellte, hatte ich an diesen Tagen tatsächlich nicht das Bedürfnis dazu. Was allerdings nicht heißen soll, dass es gut ist, mich regelmäßig selbst unter Druck zu setzen.

Allmählich lerne ich, dass es nicht schadet, Grenzen zu haben. Ob beim Marathon, bei Auftritten oder in anderen Bereichen meines Lebens: Die Leistungsfähigkeit meines Körpers ist begrenzt. Wenn ich viel laufe, muss ich mir anschließend eine Ruhephase gönnen. Sobald ich mich ausgeruht habe, kann ich beim nächsten Mal weiter und schneller laufen. Das Gleiche galt für die Tage, an denen ich im Gurt hing. Anschließend brauchte ich immer einen Tag Flugpause, um mich zu erholen. Nur so konnte ich am Tag darauf wieder weiterfliegen. Wenn wir uns Grenzen setzen, können wir unsere tatsächliche Leistungsfähigkeit sogar steigern.

Ich glaube, viele von uns denken, das Gegenteil von Entschlossenheit sei Aufgeben oder Schwäche. Dabei liegt darin wahre Stärke. Es ist klug und vernünftig, auf unseren Körper zu achten – denn der ist viel weiser, als wir glauben.

Kannst du auf deinen Körper hören? Manchmal fällt auch mir das schwer, aber ich versuche es zumindest.

Wenn wir in diesem Leben mehr als genug sein wollen, dann ist es gut, Grenzen zu setzen. Außer vielleicht, man steckt gerade in einem aufwändigen Kostüm.

39

Lass dich nicht von deiner Wut leiten

Mit der Vorstellung, dass wir unsere Wut unterdrücken und unseren Ärger hinunterschlucken sollten, damit andere besser mit uns auskommen, konnte ich noch nie viel anfangen. Wenn wir uns erlauben, mehr als genug zu sein, heißt das mitunter, dass wir zu Recht auch einmal wütend sein dürfen. Manchmal schießen wir dabei allerdings übers Ziel hinaus und schaden uns so am Ende nur selbst. So als würden wir Gift schlucken und darauf hoffen, dass die Person, die uns Unrecht getan hat, daran stirbt.

Elphaba ist wütend, und dafür hat sie gute Gründe. Tatsächlich ist sie durchdrungen von Schmerz und Leid. Sie lebt diese Wut nicht rund um die Uhr aus, und doch trägt sie sie buchstäblich unter ihrer Haut, sie brodelt immer direkt unter der Oberfläche. Doch sie geht anders mit diesen starken Emotionen um als ich. Ich musste ihren Rhythmus erst entschlüsseln, denn er ist ganz anders als mein eigener.

Ich habe erkannt, dass sie nicht ständig wütend auf alles und jeden ist. Meistens akzeptiert sie, wie andere sie sehen. Sie macht niemandem einen Vorwurf. Es ist eben, wie es ist.

Denn wenn sie tatsächlich die ganze Zeit wütend auf alles und jeden wäre, wie könnte sie dann im Leben zurechtkommen? Vielmehr hält sie ihre Wut in der einen und ihre Freude in der anderen Hand. Beides ist Teil des großen Ganzen und schließt sich nicht aus.

Ich habe eine ganze Weile gebraucht, um mit starken Gefühlen wie Wut umzugehen und sie in sinnvolle Bahnen zu lenken. Das ist eine Kunst, die wohl niemandem von uns in die Wiege gelegt wurde.

Ein paar Jahre lang hatte ich einen toxischen Manager nach dem anderen. Und dann gab es da einen, der mich behandelte, als hätte ich von nichts eine Ahnung und kein Recht, irgendwelche Fragen zu stellen.

Mit der Zeit ging mir seine Art immer mehr auf den Wecker, bis es schließlich zum Eklat kam.

Ich bereitete mich gerade auf einen Live-Auftritt am Greek Theatre in Los Angeles vor, der als Werbung für eine Serie dienen sollte, an der ich gerade mitgewirkt hatte. In letzter Minute teilte er mir mit, dass er eine Gruppe von Leuten »aus dem Büro« mitbringen würde, die mir bei den Proben und Vorbereitungen zusehen sollten.

»Wer sind diese Leute?«, fragte ich.

Das wollte er mir nicht sagen.

»Und was wollen sie hier?«

Wieder gab er mir keine Antwort und dachte offensichtlich, dass meine Fragen einfach nicht wichtig genug waren, um sie ehrlich zu beantworten.

Die Sache ist die: Ich bin sehr wählerisch damit, wen ich in meine Nähe lasse. Es ist ein Energieaustausch. Ich nehme

Energie auf und gebe Energie ab. Die Menschen, mit denen ich kurz vor einem Auftritt zusammen bin, können also einen großen Einfluss auf mich haben. Tatsächlich bin ich vor einem Auftritt am liebsten allein, dann kann ich mich am besten konzentrieren. Wenn ich nicht allein bin, ziehe ich die Gesellschaft von Leuten vor, deren Energie sich gut anfühlt und die mich unterstützen.

Und dann teilte mir mein Manager eine halbe Stunde vor meinem Auftritt so etwas mit. Er fragte nicht, ob sie vorbeikommen und mit mir reden dürften. Nein, er teilte mir mit, ich würde diese Leute treffen, weil ich mich höflich und dankbar zeigen müsse. Ich war schon geschminkt, und ganz egal, was für Fragen ich ihm über dieses geplante Treffen stellte, er gab mir einfach keine klare Antwort. Was sollte das? Ich war völlig verwirrt. Das Gefühl, die Kontrolle zu verlieren, ist ein typisches Symptom vergangener Traumata, und mit dieser Aktion traf er bei mir mitten ins Schwarze. Hätte er eine plausible Erklärung geliefert, hätte ich es verstanden. Doch er wich meinen Fragen aus und erwartete von mir, dass ich einverstanden war. Man ging davon aus, dass mein persönlicher Bereich nicht mir gehörte und dass ich dankbar sein solle, dass sie überhaupt vorbeischauten.

Ich ging an die Decke. Es war richtig schlimm, ich war völlig außer mir. Ich glaube, ich hatte noch nie zuvor einen solchen Ausbruch, und seitdem ist mir das auch nie wieder passiert. Um ehrlich zu sein: Ich habe mich vor mir selbst erschrocken. Ich drehte komplett durch vor Wut.

Zum Glück waren Freundinnen in der Nähe. Sie entschärften die Situation und baten den Manager, zu gehen. Das tat er auch. Und das war das letzte Mal, dass ich ihn gesehen habe.

Doch nach dem Vorfall schickte er mir eine E-Mail, in der er seinen Job als mein Manager kündigte und mich zurechtwies.

»Noch nie in meinen sechzehn Jahren als Manager habe ich einen solchen Disput mit einer Künstlerin erlebt«, schrieb er und nannte meine Energie »abweisend, kalt, irrational, seltsam und düster«. Er meinte, es »fehle mir an Freundlichkeit und Dankbarkeit.« Weiter schrieb er, er hätte versucht, mir die Situation zu erklären. Er hätte nur gewollt, dass ich die Leute kennenlernte, die so hart daran gearbeitet hätten, das alles möglich zu machen, ich jedoch hätte ihn regelrecht angegriffen. Das, was passiert war, nannte er einen »Wutanfall« und meinte, ich würde ihm und allen, die dabei gewesen waren, eine Entschuldigung für mein Verhalten schulden. »Es war unerträglich, das mit anzusehen!«, rügte er mich.

Dann schilderte er, was aus seiner Sicht wirklich passiert war. »Ich kann dir versichern, dass du irgendein unverarbeitetes Trauma mit dir herumschleppst«, schrieb er.

Da hatte er nicht Unrecht, und obwohl ich versucht hatte, das Thema direkt anzusprechen – daher auch meine Bitte um Klarstellung –, hatte er nicht zugehört, sondern das Trauma nur verschlimmert. Dabei hatte ich mich nach meinem Auftritt schließlich doch mit den Leuten »aus dem Büro« getroffen und mich bei den anderen entschuldigt, die meinen Ausbruch miterlebt hatten. Doch indem er den Konflikt nicht direkt mit mir ausgetragen hatte, tat er genau das, was mein Vater Jahre zuvor getan hatte. Er ging, ohne Verantwortung für seine Rolle in dieser Auseinandersetzung zu übernehmen.

Der Vorwurf, ich sei undankbar, traf mich wirklich tief. Darin liegt die Andeutung, dass man irgendwie minderwertig ist und weniger Raum einnehmen darf als alle anderen.

Vergiss es. Vergiss ihn. Menschen, die mich nicht verstehen und unterstützen, will ich nicht in meinem Umfeld haben.

Zwei Dinge hat mich diese Erfahrung gelehrt: Zum einen wird man dir oft den Schwarzen Peter zuschieben, wenn du einfach zu deiner Meinung stehst. Doch wer so etwas tut, ist ohnehin nicht der richtige Umgang für dich. Halt dich am besten von solchen Leuten fern.

Außerdem habe ich erlebt, wie die Wut aus meiner Vergangenheit mich plötzlich in der Gegenwart wieder eingeholt und das Geschehen beeinflusst hat. »Wenn es hysterisch ist, dann ist es historisch«, habe ich irgendwo gehört. Die Zurückweisung meines Vaters hatte meine Gefühle vertieft und verschärft. Und dazu kam die versteckte Andeutung, dass die Frage nach dem Grund oder die Antwort »Nein« nicht einfach nur mit meinem Bedürfnis zu tun hatten, zu verstehen, was mir gerade widerfuhr, sondern vielmehr Zeichen meiner Unzulänglichkeit waren. Das hatte ich mittlerweile schon viel zu oft gehört. »Warum?« Nie hatte ich die Möglichkeit gehabt, meinem Vater diese Frage zu stellen. Denn er hatte mir nie einen triftigen Grund genannt, warum er mich so verletzt hatte. Und so kam es mir vor, als würde sich dieses Ereignis in der Gegenwart wiederholen, als mir der Manager keine Antwort auf eine ganz einfache Frage gab.

Hoffentlich hat mein damaliger Manager aus diesem Disput auch etwas gelernt, obwohl mir mein Bauchgefühl sagt, dass das eher unwahrscheinlich ist. Wen auch immer er nach mir gemanagt hat, ich hoffe, er oder sie war stark genug, um weiter nach dem Grund zu fragen. Oder zumindest gelassen genug, um nicht vor Wut an die Decke zu gehen.

Ich habe in meinem Leben schon viele schmerzhafte Enttäuschungen erlebt und immer nach dem Grund gefragt. Wenn mein Gegenüber mir dann eine klare Antwort gibt, ohne mir die Schuld in die Schuhe zu schieben oder in die Defensive zu gehen, kann ich es akzeptieren. Wenn sich jemand allerdings weigert, die Frage zu beantworten, und damit mein Bedürfnis, es zu verstehen, mit Füßen tritt, macht mich das wütend. Vor allem, wenn jemand versucht, mir allein die Schuld zu geben.

Ich musste erst lernen, wie ich in solchen Momenten reagieren kann, ohne in die Luft zu gehen. Wie ich Grenzen setzen und diese einfordern kann, ohne einen Wutanfall zu bekommen. Wie ich einerseits wütend sein, mir andererseits aber auch meine Würde und Selbstachtung bewahren kann.

Es muss für beides Raum geben. Es muss Hoffnung geben, vorwärtszukommen.

Weil Wut und Zorn sonst irgendwann alles verschlingen.

Wieder muss ich an Celie in *Die Farbe Lila* denken. Sie hatte zwei Möglichkeiten: Sie konnte entweder beschließen, sich ständig von ihrer durchaus berechtigten Wut leiten zu lassen, oder die Kraft nutzen, die in ihr steckte, um stattdessen ihr Glück zu finden.

Viele von uns haben ständig mit solchen Fragen zu kämpfen. Wenn uns jemand Unrecht tut, wenn wir außer uns vor Empörung sind, wie nachsichtig sind wir dann mit denen, die uns verletzt haben? Wie sehr halten wir uns in dieser Situation zurück? Wie können wir lernen, wieder zu vertrauen? Und sollten wir das überhaupt tun?

Eine Möglichkeit steht uns allerdings immer offen: Wir können uns einfach von denjenigen fernhalten, die uns verletzt haben, und den Vorfall hinter uns lassen.

Wut kann mächtig sein. Allerdings nur dann, wenn wir uns von ihr leiten lassen.

40

Wie sehr willst du es wirklich?

Nur noch zwölf Tage, dann würden wir die Dreharbeiten für beide Teile von *Wicked* abschließen. Doch plötzlich brachte der Streik der Drehbuchautorinnen alles ins Stocken. Dabei war das Ziel schon zum Greifen nah. Ich war schon seit Ewigkeiten bereit, startklar und topfit.

Trotzdem musste ich die Tatsache akzeptieren: Es war unwahrscheinlich, dass wir allzu bald ans Set zurückkehren würden.

Also hielt ich mich weiterhin fit, trainierte, als wäre ich noch am Set, und tat, was ich konnte. Ich ernährte mich gesund und sorgte dafür, dass ich stark und gut bei Stimme blieb. Regelmäßig informierte ich mich, ob sich bei den Verhandlungen etwas getan hatte. Zwischendurch bemühte ich mich aber, das Ganze auch mal einen Augenblick lang zu vergessen, sonst hätte ich mich nur verrückt gemacht. Diese Situation konnte ich nur teilweise kontrollieren, und ich musste mich mit den Dingen abfinden, die ich nicht ändern konnte.

Endlose einhundertachtundvierzig Tage später kam der erlösende Anruf: Wir konnten endlich weiter drehen!

Nach der ewigen Warterei platzte ich fast vor Ungeduld und wollte unbedingt wieder an die Arbeit gehen. Sofort begann ich mit den Vorbereitungen und dem Flugtraining, so begeistert war ich, endlich wieder loszulegen. Doch schon einen Tag später, am 8. Januar, meinem Geburtstag, war ich fix und fertig.

Ich hatte mir die schlimmste Grippe meines Lebens eingefangen.

Mir war wirklich hundeelend. Bestimmt kennst du das auch, wenn das Fieber steigt und dich umhaut. Irgendwann geht's dir ein bisschen besser und du denkst schon, du bist über den Berg – und genau dann kommt der nächste Fieberschub und du bist noch schlimmer dran als zuvor. Ich war so krank, dass ich mir schon ernsthafte Sorgen machte. Sogar meine Haut tat weh.

Und ich dachte nur: *Wann hört das endlich auf?*

Doch die Grippe dauerte eine gefühlte Ewigkeit. Ich war komplett ausgeknockt. Krank und zugleich genervt von mir selbst. Warum musste das ausgerechnet jetzt passieren?

Das Universum hatte mir eine Frage gestellt: *Sag mal, Cynthia, wie sehr willst du es?* Es zwang mich, mir den Erfolg zu verdienen, und zwar mit vollem Einsatz.

Denn als ich wieder gesund war und wir die Dreharbeiten beendet hatten, spürte ich tief in meinem Inneren eine unglaubliche Befriedigung: Trotz Krankheit, trotz aller Verzögerungen, scheuernder Gurte, Stürze und Hindernisse hatte ich es geschafft. Wir hatten es gemeinsam geschafft.

Alles andere – was die Welt dazu sagen würde, wie die Filme beim Publikum ankommen würden – war schon beinahe nebensächlich.

Das Universum hatte mich gefragt, wie sehr ich es wirklich

wollte. Und ich hatte mit einem lauten Schrei geantwortet: *Mehr als alles andere auf dieser Welt!*

Eines habe ich allerdings noch gelernt: Wann immer du glaubst, auch die letzte Herausforderung erfolgreich gemeistert zu haben, wartet hinter der nächsten Biegung vielleicht schon eine neue auf dich. Bergsteigerinnen erleben so etwas andauernd. Auf dem Weg nach ganz oben landen sie immer wieder auf vermeintlichen Gipfeln, nur um zu sehen, dass es von dort aus doch noch weiter in die Höhe geht. Gib nicht auf. Wunder dich nicht, leg dich einfach ins Zeug. Du schaffst das!

41

Unglaublich, aber wahr

Wicked war ein Megaerfolg und Mattel wollte eine Barbie mit meinem Gesicht auf den Markt bringen. Mit dieser Barbie hat sich etwas in mir verändert, weil ich ein gewisses Mitspracherecht hatte, was ihr Aussehen anging.

Meine Augen lieber nicht ganz so klein.

Meine Nase gerne nicht ganz so schmal.

Ach ja, und meine Lippen dürfen gerne dicker und voller sein.

Bitte und vielen Dank auch.

So konnten sich die kleinen Mädchen jetzt eine ganz andere Art von Schönheit nach Hause holen. Viele Schwarze Barbies, die ich bisher gesehen hatte, waren zwar dunkelhäutig, hatten aber europäische Gesichtszüge.

Doch diese hier war anders. Auch die vorherigen Mattel-Modelle waren Meilensteine, doch diese spezielle Barbie gab mir die Möglichkeit, unsere Gesichtszüge in den Mainstream zu holen.

Die *Wicked*-Barbie sah mir ähnlich, spiegelte meine afrikanische Herkunft wider und erinnerte mich an meine kleinen Patentöchter, die alle ganz begeistert von der Puppe sind. Neulich war Noelle bei mir zu Besuch, die Tochter meiner Maskenbildnerin Joanna. Sie ist ein echter Schatz, und obwohl sie schon fast ein Teenager ist und man meinen könnte, dass sie inzwischen zu alt für Barbies sei, sagte sie ihrer Mutter, sie hätte noch nicht alle Versionen von mir.

»Ich glaube, die singende Barbie fehlt noch in meiner Sammlung«, sagte sie bestimmt.

Ja, diese Barbie war anders. Sie schaffte es, eine Verbindung zu den Leuten aufzubauen, die mich darin wiedererkannten.

Jetzt war ich also eine Mattel-Barbie. Hallo?

Meine Nase, meine Lippen.

Und das passierte ausgerechnet mir, die immer gedacht hatte, nie im Leben würde sie als Schwarze Frau für die Rolle der Elphaba gecastet werden.

Was war denn jetzt los?

Ebenso überraschend kam für Ari und mich die Reaktion auf den ersten Teil des Films. Nie im Leben hätten wir mit so etwas gerechnet. Vor Kurzem war ich auf dem Times Square unterwegs und da stand dieser riesengroße mobile Werbeträger mit einem Plakat von uns beiden. Noch nie hatte ich mich so groß gesehen.

Es war verrückt. Die ganze Sache war total verrückt.

Aber ich glaube, diesmal konnte ich besser damit umgehen als bei *Harriet* oder *Die Farbe Lila*. Weil ich bei allen Ereignissen präsent war. Weil wir das alles gemeinsam erlebten.

Wicked feierte seine Weltpremiere in Australien und wir waren alle mit dabei. Jon und ich hatten einige ganz besondere Momente zusammen, abseits der Menschenmassen, Kameras, Auszeichnungen und Events. Er war schon immer wie ein großer Bruder für mich. Und wir waren ganz offen miteinander:

»Das und das denke ich gerade«, sagte er.

»Und das und das fühle ich«, erwiderte ich.

Und: »Ich hab dich lieb.«

»Ich hab dich auch lieb.«

Obwohl die überwältigende Resonanz auf den Film viele Menschen verblüfft hat, war niemand vom Team wirklich überrascht. Wahrscheinlich spürten wir alle instinktiv, dass wir etwas ganz Besonderes erschaffen hatten. Das war uns allen offensichtlich klar. Und wir wollten nicht nur gute Arbeit leisten, sondern dieses Material auch mit der größtmöglichen Sorgfalt behandeln.

Während der Dreharbeiten hatten wir uns ausschließlich auf die Arbeit konzentriert. Jetzt, nachdem es vollbracht war, stand uns allerdings noch eine andere Aufgabe bevor:

Wir mussten diese ganzen wunderbaren Erfahrungen zulassen und annehmen.

Wir mussten Dinge zulassen und annehmen, die wir uns nicht mal in unseren kühnsten Träumen hätten vorstellen können.

Wir mussten zulassen, dass das alles mehr war, als wir je erwartet hatten. Mehr als genug.

Viele von uns tun sich schwer mit positiven Gefühlen. Manchmal sind wir so daran gewöhnt, Hindernisse und Rückschläge zu bewältigen, uns durchzuboxen und uns zu beweisen, dass wir gar nicht wissen, wie wir reagieren sollen, wenn wir unser Ziel dann endlich erreichen.

Gibt es Erfahrungen, die du vielleicht zulassen musst? Kannst du loslassen und einfach mal schauen, was passiert?

42

Lass dir nichts sagen

Schon seit meiner Jugend komme ich mir oft vor wie ein Experiment in einer Petrischale. Ja, ich habe schon alles gehört, jede nur erdenkliche Version dessen, was nach der Meinung anderer Leute mit mir nicht stimmt. Und wenn ich das Problem dann behoben habe, ist es auch wieder falsch, diesmal aus anderen Gründen.

Vielleicht geht es dir ja genauso?

Selbst bei so simplen Dingen wie deinem Aussehen. Es ist schwer, sich vor diesem Gerede zu schützen. Und es ist unangenehm, ganz gleich, in welchem Ausmaß man es erlebt.

Wenn du an Thanksgiving mit der Familie beim Essen sitzt und deine Oma sagt: *O mein Gott, du bist ja so dünn geworden, geht's dir nicht gut, Kind?*

Oder wenn jemand sagt: *Du hast ganz schön zugelegt, oder?*

Das ist immer schrecklich unangenehm, ganz egal bei welchem Anlass. Leider ist es in unserer heutigen Gesellschaft gang und gäbe, über andere herzuziehen. Über ihr Aussehen, über das, was unserer Meinung nach hinter den Kulissen vor sich geht, über ihre Gesundheit oder über ihr Auftreten. Ob

Fremde, Familienmitglieder oder sogar Leute, die sich als Freundinnen bezeichnen – sie nehmen sich das Recht heraus, alles zu kommentieren:

von deiner Kleidung
über deinen Körper
deine Frisur
bis hin zu deinem Gesicht.

Die Sorglosigkeit, mit der die Leute solche Bemerkungen von sich geben, ist für alle Beteiligten sehr gefährlich.

Zum Glück habe ich ein gutes soziales Netz, dem ich vertraue, und tief in meinem Inneren weiß ich, dass ich schön bin – genau wie du.

Aber ich weiß *auch,* welcher Druck durch solche Lästereien entstehen kann. Seit ich siebzehn bin, ist das Teil meines Lebens. Heutzutage lasse ich so etwas gar nicht mehr zu. Das kann ich nicht gebrauchen. Da ist meine Arbeit, die auf mich wartet, mein Leben, das gelebt werden will. Und meine Freundinnen, die ich liebe. Ich habe so viel Liebe in mir, dass die negative Energie anderer Leute in meinem Leben keinen Platz hat.

Ob bei einem Familientreffen oder auf Social Media, wir können uns vor solchen Lästereien schützen. Du kannst Leute blockieren – notfalls löschst du eben gleich die ganze App. Du kannst dich selbst abschirmen, denn du musst dir von niemandem etwas sagen lassen.

43

Feier dich selbst

Ich kleide mich, um mir selbst zu gefallen.

Kleidung ist meine Art, Liebe auszudrücken. Und dazu gehört alles, von meinen Piercings über meine Nägel bis hin zu dem, was ich anziehe, und natürlich auch mein Schmuck. Alles an meinem Körper sagt etwas über mich und meine Persönlichkeit aus. Es zeigt den Stil, den ich ausdrücken will, und die Geschichte, die ich damit erzählen möchte.

Manche Leute kleiden sich zurückhaltender, und das passt auch zu ihnen. Aber für mich ist das nichts. Ich bin eben gerne die Rebellin, und zwar schon sehr lange, auch wenn es heutzutage viel mehr Menschen auffällt als früher. Und mir ist es völlig schnuppe, wie das bei anderen ankommt. Immer, wenn ich mich so offen zeige, hoffe ich, anderen damit als Vorbild zu dienen.

Manchmal entscheiden wir uns für einen bestimmten Kleidungsstil, weil wir Komplimente bekommen oder es unbedingt auf irgendeine Liste der bestgekleideten Frauen schaffen wollen. Ich aber kleide mich so, weil es mir Spaß macht. Ich liebe Klamotten. Und ich liebe es, mich schick zu machen.

Schmuck übt auf mich eine unwiderstehliche Anziehungskraft aus: Schon die Vorstellung, mich selbst zu schmücken, finde ich super! Damals mit fünfzehn oder sechzehn habe ich Modeschmuck gesammelt. Zu der Zeit jobbte ich als Background-Sängerin und brauchte Ohrringe, Halsketten und Armreife. Mittlerweile habe ich einundzwanzig Piercings und will unbedingt wissen, wie und von wem mein Schmuck hergestellt wird. Ich entscheide mich bewusst für kleine Manufakturen und Designer, die sonst niemand kennt, weil mich ihre Arbeit fasziniert.

So bin ich eben.

Auch nach meinen Fingernägeln fragen mich die Leute ständig. Eine Frage, die mir dabei besonders im Gedächtnis geblieben ist: Ob meine Nägel eine Art Schutzschild seien, der andere auf Distanz halten soll. Eine Vorstellung, die ich irgendwie witzig finde. Schon damals mit sechzehn habe ich damit angefangen, mir die Nägel machen zu lassen, hatte aber wegen einer kleinen Rolle am Broadway ungefähr ein Jahr lang damit aufgehört. Und das ist normalerweise auch der einzige Grund, warum ich darauf verzichten würde. Meine Nägel sind kein Schutzschild, im Gegenteil: Sie sind ein Blickfang. Die Menschen haben keine Angst davor, mir nahe zu kommen, meine Hand zu halten und sich die Arbeit genau anzusehen. Menschen, die ich gerne in meiner Nähe habe, haben wegen der Nägel keine Scheu vor mir, und das finde ich gut. Außerdem sind die Künstlerinnen, die meine Nägel gestalten, ganz besondere Menschen, die meine Finger als Leinwand nutzen. Und ich liebe es, mit ihrer Kunst anzugeben.

Vielleicht sind es bei dir nicht deine Kleidung, dein Schmuck oder deine Nägel, aber wir alle brauchen Möglichkeiten, unser wahres Selbst auszudrücken und andere dazu einzuladen, sich mit uns zu verbinden.

Was auch immer du tust: Vergiss nicht, deine Einzigartigkeit zu feiern. Zeig der Welt ruhig, wie außergewöhnlich du bist!

44

Denk immer daran: Du bist mehr als genug

Du hast andauernd das Gefühl, dich vor anderen beweisen zu müssen? So ging es mir früher auch, und manchmal passiert mir das heute noch.

Ab sofort ist Schluss mit dem Quatsch. Denn egal, was du machst und wie hart du arbeitest, wie viel du erreichst – es ist nie genug. Wir müssen aufhören, nach Anerkennung zu streben, und endlich eines kapieren: Manchen Leuten werden wir nie beweisen können, dass wir genug sind.

Wir müssen also einen Weg finden, es stattdessen uns selbst zu beweisen. Keine einfache Aufgabe.

Aber vor anderen Menschen kannst du dich nicht beweisen, das funktioniert einfach nicht. Weil du dann ständig nach ihrer Anerkennung strebst, ohne auch nur zu wissen, was sie eigentlich wollen oder von dir erwarten – oder ob sie überhaupt irgendetwas von dir erwarten.

Ab sofort solltest du nur noch einem Menschen etwas beweisen wollen: dir selbst.

Triff die Entscheidung, dass du genug bist.

Entscheide dich dafür und bleib dabei.

Und wenn du dich jetzt fragst, ob das, was du dir wünschst, je eintreffen wird, vergiss nicht: Alles, was für dich bestimmt ist, kommt irgendwann von ganz allein. Wenn nicht, dann sollte es von vorneherein nicht sein.

Was auch passiert: Wir sind gut genug. Wir arbeiten auf unsere Zukunft hin. Wir zeigen der Welt unser wahrhaftiges Selbst.

Und das, ihr Lieben, ist die wichtigste Aufgabe unseres Lebens.

45

Stell dein eigenes Team zusammen

Ich umgebe mich gerne mit Leuten, die keine Scheu vor dem Wörtchen »Nein« haben.

Natürlich ist es wichtig, uns mit Menschen zu umgeben, die uns ermutigen. Die uns versichern, dass wir alles schaffen können, was wir uns vornehmen. Genauso wichtig ist es aber, Leute zu haben, die sich trauen, unsere Handlungen zu hinterfragen und uns ihre Sicht der Dinge zu zeigen. Weil sie uns dabei helfen, über unseren eigenen Tellerrand hinauszuschauen. Deshalb versuche ich, mich mit Menschen zu umgeben, die mehr Erfahrung haben als ich, die über ein größeres Wissen verfügen. Noch nie hatte ich das Bedürfnis, die Klügste im Raum zu sein – wäre ich das, würde ich nichts mehr dazulernen. Wenn ich bereit bin, Neues zu lernen, kann ich mir selbst treu sein, indem ich offen und neugierig bleibe. Wenn ich weniger weiß, habe ich die Aufgabe, ständig dazuzulernen und zu wachsen.

Mein erstes Album habe ich damals während der Coronapandemie aufgenommen. Wir mussten über Zoom arbeiten, was natürlich alles andere als ideal war. Ich versuchte, mein Innerstes hineinzugeben. Aber es funktionierte einfach nicht.

Eine ganze Weile lang habe ich mich immer wieder gefragt, woran das lag.

Ich arbeitete mit so vielen Leuten zusammen, die alle ihre eigenen Vorstellungen und Ideen für mein Album hatten. Immer wieder gerieten wir aneinander, und ich hatte keine Ahnung, was ich dagegen tun sollte.

Vor Kurzem habe ich wieder ein Album aufgenommen, und diesmal lief es ganz anders und viel reibungsloser als beim ersten Mal. Und zwar deshalb, weil ich mir dafür zuerst mein eigenes Team zusammengestellt hatte. Dabei hatte ich darauf geachtet, dass es aus Leuten bestand, die dieselbe Vision hatten wie ich, die mich aber auch kritisieren und mir widersprechen würden, falls es nötig war, um unser gemeinsames Ziel zu erreichen.

Tatsächlich habe ich hohe Erwartungen an mein Team. Und ich nehme kein Blatt vor den Mund. Ich spreche sofort Klartext mit jedem, was manchmal nicht ganz einfach ist. Außerdem frage ich ständig: »Was machen wir hier eigentlich?« und »Warum machen wir das?«.

Bei dieser Albumproduktion hatte ich die Chance, mir ein Team zusammenzustellen, das bereit war, meine kreative Vision mit mir gemeinsam zu verwirklichen. Ich lernte Wendy Goldstein kennen, meine neue A&R-Managerin, die beim Plattenlabel aufstrebende Talente entdeckt und betreut. Die Zusammenarbeit mit Wendy war für mich vor allem deswegen so magisch, weil sie ständig über das Warum nachdachte. Oft konnte sie mir die Frage nach dem Warum beantworten, noch bevor ich sie überhaupt gestellt hatte. Ich weiß nicht mal, ob ihr das überhaupt bewusst war. Wie auch immer, wir passten definitiv gut zusammen.

Und da war natürlich auch Jess, die bereitwillig die Verantwortung übernommen hatte, mich als Musikerin zu managen – eine Aufgabe, für die man ganz andere Fähigkeiten braucht. Ich vertraue ihr, weil sie IMMER eine Antwort auf meine Fragen hat, mich aber auch liebevoll herausfordert, wenn wir verschiedener Meinung sind.

Die Zusammenarbeit mit Wendy, Jess und vielen anderen in meinem Team klappt vor allem deshalb wie am Schnürchen, weil sie tatsächlich die Frage beantworten, die ich immer und immer wieder stelle: »Warum?« Alle in meinem Team sind offen, ehrlich und aufgeschlossen. Das Ergebnis? Eine völlig neue Erfahrung.

Ich muss an die zwölfjährige Cynthia denken, der man gesagt hatte, sie sei zu anstrengend, zu neugierig und stelle zu viele Fragen. Immer wieder diese Frage: »Warum?« Doch sobald ich mich mit Menschen umgab, die mich genug respektierten, um diese Frage ehrlich zu beantworten, war alles gut.

Das ist eine wunderbare Metapher für das Leben. Jemand, der bereit ist, diese Frage zu beantworten, ist in der Regel selbstbewusst und scheut sich nicht davor, sich zu öffnen. Das sind die Leute, die du an deiner Seite brauchst.

Und ganz ehrlich: Manchmal stelle ich meine Mitmenschen mit dieser Frage auch auf die Probe. Vielleicht ganz unbewusst, weil ich herausfinden möchte, wie ehrlich jemand ist. Angenommen, ich bitte jemanden, mir einen Gefallen zu tun, und er sagt Nein. Wenn ich ihn nach dem Grund frage und die Person antwortet: »Ich kann das einfach nicht«, bin ich vollkommen zufrieden. Diese Antwort überzeugt mich, weil sie ehrlich ist. Obwohl mir ein Ja natürlich lieber gewesen wäre, habe ich dafür Verständnis. Hätte mir mein früherer Manager auf meine Frage geantwortet, dass er im Grunde keine Ahnung hatte, wie er mein Projekt leiten sollte, dann hätte ich gewusst, was zu tun war.

»Danke für deine Offenheit. Danke, dass du mir die Möglichkeit gibst, selbst zu entscheiden, ob ich weitermachen oder eine andere Wahl treffen möchte.«

Wenn du von Leuten umgeben bist, die dir die Wahrheit sagen, hast du die Macht. Du entscheidest selbst, welchen Weg du einschlägst. Du bist nicht länger von den Entscheidungen und Meinungen anderer abhängig. Ich muss im Leben meine eigenen Entscheidungen treffen können. Dazu brauche ich Infos und Antworten auf Fragen, bei denen ich mir unsicher bin.

So geht es uns allen.

Stell dein Team zusammen. Geh diesen Weg nicht allein. Achte darauf, dass du dich mit Menschen umgibst, die dir die Wahrheit sagen, auch wenn diese oft unangenehm ist. Das sind die Leute, die du in deinem Leben brauchst.

Und was du auch tust: Lass sie unbedingt wissen, wie sehr du sie schätzt. Vergiss nicht, dich zu bedanken.

46

Bleib in Bewegung

Mit einer Vorstellung konnte ich noch nie etwas anfangen, nämlich dass die Möglichkeiten dessen, was wir im Leben erreichen können, begrenzt sind. Warum auch? Wenn ich hart genug arbeite und weiß, was ich will, kann ich alle meine Träume verwirklichen. Und wenn ich es reinen Herzens tue, mich richtig reinknie und dabei den Spaß nicht vergesse, kann ich etwas davon an andere weitergeben.

Je mehr ich erreiche, desto mehr kann ich weitergeben. Wenn ich mich in meinen Möglichkeiten begrenze, schränke ich auch ein, wie viel ich an andere weitergeben kann – für gute Zwecke, an Leute, die mich um Rat fragen, an Freundinnen, die mich brauchen. Denn wenn ich mich nicht voll und ganz auf die Dinge konzentriere, die ich liebe, und meine Ziele nicht länger verfolge, wenn ich nicht nach den Dingen strebe, die ich mir wünsche, dann höre ich auf, überhaupt nach irgendetwas zu streben.

stre·ben
[ˈʃtʀeːbn̩]

strebt, strebte, hat/ist gestrebt
Verb
Bedeutungsübersicht:

1. ›irgendwohin streben‹: sich zügig, unbeirrt in eine bestimmte Richtung, auf ein bestimmtes Ziel zu bewegen
[gehoben, bildlich] sich in die Höhe erstrecken, ragen
2. ›nach etwas streben‹: etw. (mit aller Kraft) zu erreichen suchen, sich eifrig um etw. bemühen, nach etw. trachten
mit Fleiß und Ehrgeiz auf das eigene berufliche, gesellschaftliche Fortkommen hinarbeiten

Etymologie:
streben Vb. ›auf eine körperliche oder geistige Vorwärtsbewegung gerichtet sein, seine Bemühungen auf etw. richten, wonach trachten‹. Nur im Deutschen und Niederländischen bezeugtes schwaches Verb, ahd. streben, strebōn ›sich regen, bewegen‹ (11. Jh.), mhd. streben (md. auch streven) ›sich heftig bewegen, zappeln, Widerstand leisten, sich aufrichten, abmühen, kämpfen, starren, steif sein, strotzen‹.[2]

Stillstand ist nicht mein Ding, ich bleibe lieber in Bewegung und strebe nach Höherem. Ich atme lieber weiter. Streben ist genauso natürlich wie Atmen, lass dir von niemandem etwas anderes einreden.

2 »streben« DWDS Der Deutsche Wortschatz von 1600 bis heute, 2025. www.dwds.de/wb/streben

47

Mein Glück gehört mir ganz allein

Meine Energie, meine Lebenskraft
gehört vor allem mir selbst.
Wenn ich aus meinen Quellen schöpfen kann,
habe ich zwar viel zu geben.
Doch mein Glück gehört mir ganz allein.
Deswegen spreche ich auch nicht über
meine Beziehungen.
Ich verbringe so viel Zeit damit,
alles zu teilen:
meine Arbeit, meine Seele, meine Stimme, meine
Worte, meine Kunst.
Das alles teile ich bereitwillig mit der Welt.
Eine Sache jedoch
behalte ich ganz bewusst für mich.
Kann sein, dass ich irgendwann meine Meinung ändere.
Was du über mich weißt:
Ich bin queer.

Ein Mensch, der liebt
und geliebt wird.
Ein Mensch, der Beziehungen haben kann, ob mit
Männern, Frauen oder nicht-binären Personen –
gestern, heute oder übermorgen.
Es genügt, wenn die Leute wissen, dass ich geliebt werde
und glücklich bin.
Und außerdem: Wäre das Leben nicht langweilig
ohne ein paar

Geheimnisse?

48

Erfreue dich an den kleinen Dingen

Wir alle sind so darauf programmiert, den ganz großen Erfolgen nachzujagen, dass es uns oft schwerfällt, die kleinen Freuden im Alltag zu erkennen. Auch ich muss mich ständig daran erinnern, nach diesen kleinen, oft übersehenen Glücksmomenten Ausschau zu halten, die meinen Tag bereichern.

Denn wenn ich nicht genau hinschaue, laufe ich wahrscheinlich achtlos daran vorbei.

Neulich musste ich zu meinem Trainer und dachte, statt mit dem Auto zu fahren, nehme ich heute mal den Tretroller. So ein Ding ohne Motor, mit dem Kinder oft unterwegs sind. Er fährt nur mit Muskelkraft. Allerdings hatte ich keine Ahnung, dass es fast nur bergauf ging und dass Tretroller in diesem Fall keine so gute Idee sind. Aber ich habe trotzdem durchgehalten, unterwegs Musik gehört, mir selbst Mut gemacht und viel gelacht. Und als ich nach dieser albernen Bergtour heil bei meinem Trainer ankam, war ich wahnsinnig stolz auf mich. Diese kleinen, beschwingten Momente machen mir viel Freude, obwohl ich schon mit offenen Augen durch die Welt gehen muss, um sie nicht zu verpassen.

Vor Kurzem habe ich für meine Mutter eine Party zu ihrem siebzigsten Geburtstag organisiert. Keine große Sache, aber wir sind uns dadurch wieder näher gekommen. Ich habe gemerkt, wie lebendig unsere Verbindung ist, was sie in meinem Leben für eine besondere Rolle spielt. Das hat mir geholfen, meine tiefe Liebe zu ihr neu zu entdecken. Damit will ich nicht sagen, dass diese Liebe je erloschen wäre, aber manchmal sind wir so beschäftigt, dass wir beinahe vergessen, wie wichtig uns bestimmte Menschen sind. Und diese Party zu organisieren – vom Essen über die Location bis hin zu all den kleinen Details, von denen ich wusste, dass sie ihr gefallen würden –, hat mein Herz erweicht und mir wieder bewusst gemacht, wie sehr ich sie liebe.

Diese kleinen Freuden sind so wichtig.

Auch die Sauna ist für mich eine tägliche Quelle der Glückseligkeit. Wenn ich es irgendwie einrichten kann, sitze ich jeden Morgen eine Stunde in der Sauna. Es mag so aussehen, als würde ich meinem Körper etwas Gutes tun, aber in Wahrheit ist es viel mehr als das.

Da meine Sauna eine Glastür hat, kann ich nach draußen sehen und die verschiedenen Vögel beobachten, die im Garten herumflattern. Seit Kurzem schaut immer wieder ein Kolibri vorbei und führt auf der anderen Seite der Glastür ein Tänzchen für mich auf. Wenn ich jetzt also in die Sauna gehe, hoffe ich insgeheim stets darauf, dass der Kolibri auch dieses Mal wieder auftaucht. Was hat dieses flinke Tierchen davon, für mich zu tanzen – ist das nicht reine Energieverschwendung? Nein, der Kolibri tanzt im Flug und bereichert damit meinen Tag. Er bringt seine Freude zum Ausdruck, und zwar mit allem, was er hat.

Kolibris sind meine Lieblingsvögel. Ich erinnere mich an eine Geschichte über einen Kolibri während eines Waldbrandes, ich glaube, sie stammt von den amerikanischen Ureinwohnerinnen. Als das Feuer ausbrach, ergriffen alle Tiere panisch die Flucht und rannten zu einem Bach, um Schutz zu suchen. Vor Angst waren sie wie gelähmt, weil sie ihr Zuhause im Wald verloren hatten. Egal, wie groß oder stark, alle Tiere waren von den Ereignissen wie betäubt.

Nur der Kolibri nicht. Er flatterte zum Bach hinunter, tauchte seinen winzigen Schnabel ins Wasser und holte einen Tropfen heraus, das war alles, was er tragen konnte. Dann flog er trotz seiner Angst zurück zum Feuer und ließ den kleinen Tropfen hineinfallen. Immer wieder flog er hin und her, einen Tropfen nach dem anderen. Die anderen Waldtiere versuchten, den Kolibri zu entmutigen, sagten ihm, er sei viel zu klein, um irgendwas zu erreichen. Dass seine Bemühungen vergeblich seien. Doch der Kolibri ließ sich nicht beirren. Er war fest entschlossen, zu helfen.

Und mehr können auch wir nicht tun, oder? Angesichts all der Ungerechtigkeit in der Welt leisten wir unseren bescheidenen Beitrag. Wenn ich aus meinem Saunafenster beobachte, wie dieses farbenprächtige Tierchen draußen herumflattert, wie es durch die Luft tanzt, aus reiner Freude an der Bewegung, dann erinnert mich das daran, wer ich bin und was ich im Leben erreichen will.

Deshalb suchen wir alle nach Freude.

Es gab eine Zeit, in der es mir schwerfiel, zu sagen, was meinen Alltag mit Freude erfüllte. Ich hatte Mühe, diese kleinen Freuden überhaupt wahrzunehmen. Als ich mir jedoch vornahm, sie zu entdecken und genauer hinzuschauen, veränderte sich mein ganzes Wesen. Je fokussierter und motivierter wir durchs Leben gehen, desto schneller übersehen wir diese kleinen Freuden.

Und das wäre doch schade!

49

Wirf unnötigen Ballast über Bord

Nachdem mein Vater mich mit sechzehn verstoßen hatte, wollte ich ihm unbedingt zeigen, dass ich etwas ganz Besonderes war, damit er mich liebte. So einfach und doch so kompliziert ist das.

Heute buhle ich nicht länger um seine Liebe. Und auch du musst dich nicht verbiegen, um Liebe und Anerkennung von Leuten zu erfahren, die dich nicht so nehmen, wie du bist.

Ich entbinde meinen Vater von seiner Vaterrolle. Nein, ich hege keinen Groll gegen ihn. Mittlerweile stehe ich ihm völlig neutral gegenüber.

Ich habe nämlich verstanden, dass er nie dazu bestimmt war, Vater zu sein. Seine Bestimmung, so glaube ich, bestand darin, mich zu zeugen und anschließend sein Leben als eigenständiger Mensch weiterzuführen.

Wir glauben, dass unsere Eltern *nur* unsere Eltern sind, schließlich sind wir ja ihre Kinder. In einem Buch, das ein sehr kluger Kopf geschrieben hat, habe ich gelesen, dass wir häufig eines vergessen: Vor unserer Geburt waren unsere Eltern einfach nur Menschen mit einem eigenen Leben. Und vielleicht sind manche Menschen nur dazu bestimmt, Kinder in die Welt zu setzen, und nicht unbedingt dazu, sie großzuziehen.

Hätte mein Vater mich großgezogen, ich wüsste nicht, wie mein Leben heute aussehen würde.

Und ja, ich habe lange daran gearbeitet, ihm zu zeigen, wie sehr ich seine Liebe verdiene. Mittlerweile habe ich aber gelernt, dass ich würdig bin, ganz egal, was er von mir hält. Ehrlich gesagt mache ich meine kreative Arbeit nur für mich selbst.

Heute genieße ich dieses unabhängige Leben wirklich sehr. Wo auch immer er ist, er soll wissen, dass es für mich völlig okay ist, dass wir keine Vater-Tochter-Beziehung haben. Weil wir die nämlich gar nicht brauchen.

Ich verlange keine solche Beziehung von ihm.

Ich entbinde ihn von seinen Vaterpflichten. Und ich bin frei.

50

Wir brauchen etwas, woran wir glauben können

Wenn wir in diesem Leben danach streben, mehr als genug zu sein, dann ist es wichtig, an etwas zu glauben, das größer ist als wir selbst. Für mich ist dieses *Etwas* Gott. Es kann aber im Grunde alles sein, was du ohne jeden Zweifel als gut und lebensbejahend anerkennst: Gemeinschaft, Liebe, Familie, Natur. Wichtig ist vor allem, zu erkennen, dass wir nicht der Mittelpunkt des Universums sind. Wir sind nur eines von unzähligen einzigartigen Geschöpfen, die alle von der Vision unseres Schöpfers geprägt sind. Schon in der Bibel steht: *Und Gott schuf den Menschen nach seinem Bilde.* Nicht nur manche Menschen, nicht nur diejenigen, die uns persönlich sympathisch sind oder mit denen wir einer Meinung sind.

Nein, alle Menschen.

Ich wurde römisch-katholisch erzogen. Mit der Zeit wurde mir diese Glaubenstradition mit ihren vielen Regeln allerdings zu eng. Traditionelle Religion funktioniert für viele Menschen, und das respektiere ich selbstverständlich. Ich persönlich habe mich allerdings so auf die Regeln konzentriert, dass ich aus den Augen verloren habe, was ich mittlerweile für das Wichtigste an meinem Glauben halte. Das, was ich unter Glauben verstehe – zumindest unter meinem eigenen. Um in mir selbst einen Platz dafür zu schaffen, um ein eigenes Verständnis davon zu entwickeln, woran ich glaube und warum ich das tue, musste ich mich von den formalen Aspekten der Religion lösen.

Das Wichtigste an meinem Glauben ist es, den Menschen und der Welt freundlich und liebevoll zu begegnen, das ist mir heute klar. Für mich kommt es darauf an, all das Wunderbare und das Leben, das mich so reich beschenkt, aus tiefstem Herzen zu ehren. Niemand ist einzigartiger, heiliger oder würdiger als andere Menschen. In jedem von uns steckt ein göttlicher Funke.

Dabei gilt meine Freundlichkeit nicht nur den Menschen. Ich habe zwei Hunde und kümmere mich liebevoll um sie, weil ich mir wünsche, dass diese Liebe zu mir zurückkommt.

Ich glaube fest daran, dass das Leben ein Kreislauf ist. Wenn du anderen Gutes tust, kommt Gutes zu dir zurück. Vielleicht nicht sofort, aber irgendwann. Wie ein Bumerang. Das ist das wichtigste Element meines Glaubens: Wann immer möglich, erweise ich mich gütig und freundlich und schätze alles, was mir widerfährt, aus tiefstem Herzen.

Ich sage oft »Danke«. Schon dieses kleine Wort ist für mich ein ganzes Gebet.

Und deshalb hat mich der Shitstorm, den ich erleben musste, nachdem ich in *Jesus Christ Superstar* die Rolle des Jesus übernommen hatte, so tief getroffen. Mit dieser Rolle möchte ich die Menschen daran erinnern, dass wir alle dazu bestimmt sind, den Idealen gerecht zu werden, für die Jesus eingetreten ist.

Dazu gehört auch, uns so zu zeigen, wie wir wirklich sind. Weil darin die Vision unseres Schöpfers am deutlichsten zum Ausdruck kommt.

Leider sind nicht alle dieser Meinung.

Vor Kurzem bekam ich eine E-Mail von einer Frau, der ich noch nie zuvor begegnet war. Sie war außer sich vor Wut, weil ich mich entschieden hatte, die Rolle anzunehmen.

»Die Rolle des Jesus mit einer Frau zu besetzen, finde ich absolut unangebracht. Das ist doch Gotteslästerung … meiner Meinung nach ist das so unglaublich respektlos, dass es schon an Blasphemie grenzt«, schrieb sie. »Ich möchte Sie hiermit dringend auffordern, Ihre Teilnahme an dieser Produktion abzusagen.«

Leider ist sie der Meinung, ich, eine andere Frau, verhalte mich unangebracht und blasphemisch, weil ich diese Rolle spiele. Und das passiert uns so häufig: Wir werden dafür kritisiert, dass wir etwas tun, was andere als falsch ansehen. Weil wir weiter gehen, als sie selbst es tun würden. Weil wir mehr sind, als sie es sich für ihr eigenes Leben wünschen.

Aber nur weil sie das so sehen, heißt es noch lange nicht, dass wir kein Recht dazu haben.

Es ist nicht leicht, mehr aus uns zu machen. Nicht einmal dann, wenn es nur ein bisschen mehr ist, als andere Leute okay finden. Manchmal wirst du zu hören bekommen, du wärst unvernünftig, unverschämt und maßlos und hättest außerdem viel zu hohe Ansprüche. Wenn wir aber unsere Menschlichkeit leben und ganz wir selbst sein wollen, vollständig und ohne irgendwelche Einschränkungen, dann ist es unerlässlich, dass wir uns selbst die Erlaubnis dazu geben, das Beste aus uns herauszuholen.

Was die Frau angeht, die mir diese E-Mail geschickt hat, so glaube ich, sie schreibt in Wahrheit darüber, was sie von sich selbst als Frau hält. Und das ist einfach herzzerreißend.

Wir Frauen sind heilige, mächtige Wesen. Und wenn die meisten Nationen versuchen, zu kontrollieren, was wir tun, wen wir heiraten, wie wir Sex haben, mit wem wir Sex haben, wie wir uns kleiden, was wir bedecken und was nicht, dann liegt das vor allem daran, dass sie Angst haben. Würden sie damit aufhören, könnten wir Frauen dieser Welt nämlich merken, wie mächtig wir in Wahrheit sind. Diese Vorstellung macht vielen Leuten Angst, sogar einigen Frauen, die deshalb anfangen, uns, ihre Schwestern, zu kontrollieren. Dabei merken sie gar nicht, dass ihr eigenes Leben dadurch nicht besser wird.

Das Traurigste an dieser E-Mail ist für mich, dass die Verfasserin offensichtlich nicht mitbekommt, dass sie von sich selbst spricht – und das finde ich wirklich schlimm. Wenn eine Frau so eine Nachricht an eine andere Frau schickt, sagt sie damit, dass sie selbst glaubt, sie wäre weniger wert als ein Mann. Ich persönlich glaube das weder von mir selbst noch von anderen Frauen noch von sonst einem anderen Menschen.

Niemand von uns ist weniger wert.

Ihre Reaktion hat mich schockiert, aber sie war nicht die Einzige. Viele meinten, ich solle diese Rolle nicht annehmen. Weil ich eine Frau, Schwarz und außerdem noch queer bin. Weil ich nicht zum Mainstream gehöre. Ich entspreche nicht ihren Erwartungen. Und ich verlange oder nehme mir zu viel.

Was diese Kritikerinnen damit eigentlich sagen wollen? Dass ich es nicht verdiene, diese Rolle zu spielen. Im Laufe der Jahre haben verschiedene Darsteller die Rolle gespielt, ohne dass es je zu solchen Kontroversen gekommen wäre. Wollen die Kritikerinnen damit sagen, dass queere Schwarze Frauen keine spirituellen Wesen sein können? Dass sie keine Rollen spielen dürfen, die von Spiritualität geprägt sind?

Ich komme noch einmal auf das Zitat aus der Bibel zurück: *Gott schuf den Menschen nach seinem Bilde.* Auch mich. Und dich. Und alle anderen auch.

51

Lass deine Angreifer nicht gewinnen

Wie sagt man so schön: Sobald du nicht länger die Außenseiterin bist, wirst du zur Zielscheibe. Während wir daran arbeiten, mehr als genug zu sein, stellt sich die Frage, wie wir uns in diesen schwierigen Situationen behaupten können.

Leicht ist das nicht, denn so etwas tut weh, das ist nur menschlich. Du kannst nicht alle beiseitenehmen und sagen: *Augenblick, das stimmt so nicht. Eigentlich bin ich ganz anders. Bitte versuch, mich so zu sehen, wie ich wirklich bin.*

Das funktioniert einfach nicht immer. In solchen Fällen bleibt dir nur eines übrig: Zeig dich konsequent von deiner besten Seite. Keine Sorge, das heißt nicht, dass du perfekt sein musst. Das wäre zu schwierig und wir würden scheitern, weil alles sowieso immer perfekt unperfekt ist. Zeig dich einfach von deiner besten Seite, mit deinen besten Absichten. Und zwar jedes Mal.

Konzentrier dich weiter auf deine Arbeit.

Zeig dich weiter von deiner menschlichen Seite. Und mach dir stets bewusst, dass die Leute, die dich angreifen, dich eigentlich gar nicht kennen – und du sie auch nicht. Du weißt nicht, was sie gerade durchmachen, und sie wissen nicht, was du gerade erlebst. Das ist okay.

Vielleicht ändern sie eines Tages ihre Meinung. Vielleicht stellen sie bei eurer nächsten Begegnung fest: *So schlimm ist sie ja gar nicht.*

Aber es ist nicht deine Aufgabe, das zu klären oder das Problem zu lösen. Wenn sich Leute die Mühe machen, dich kennenzulernen, dann ist es an dir, dich ihnen so zu zeigen, wie du wirklich bist. Du musst ihnen die Möglichkeit geben, dich wirklich zu verstehen.

Verkriech dich nicht in dein Schneckenhaus, wenn dich jemand angreift. Mach dich nicht klein. Es gibt andere Menschen, die zu dir aufschauen, die sich vielleicht sogar von dir inspirieren lassen.

Lass die Angreifer nicht gewinnen. Zeig dich ihnen von deiner besten Seite, in all deiner Pracht.

52

Für alle, die leben und lieben, wie sie möchten, und alle, die sich noch nicht trauen

»Die Funktion der Freiheit ist es, jemand anderen zu befreien.« So lautet ein Zitat der Schriftstellerin Toni Morrison, über das ich schon oft nachgedacht habe.

Mein Leben und meine Karriere waren ein wilder Ritt und ich bin dankbar für jede einzelne Sekunde. Vor allem aber bin ich dankbar dafür, dass mich meine queere Community so herzlich aufgenommen hat.

Ich habe viel darüber geredet, dass wir uns so zeigen sollten, wie wir wirklich sind. Darüber, authentisch zu bleiben. Und ich habe geschildert, was für Vorteile es mit sich bringt, trotz aller Widrigkeiten wir selbst zu sein. Aber ich gebe nur selten zu, wie schwierig das sein kann.

In diesem Kapitel möchte ich Platz für all diejenigen unter uns schaffen, die noch nicht den Mut finden, so zu leben, wie sie wollen.

Das ist nicht leicht. Nichts davon ist leicht. Du wachst morgens auf und beschließt, du selbst zu sein. Du nimmst einen

Raum für dich in Anspruch, obwohl du dich dort nicht willkommen fühlst. Tag für Tag versuchst du, den Leuten beizubringen, wie sie dich ansprechen sollen. Es kann frustrierend sein, ihnen immer wieder die richtigen Pronomen zu erklären:

They. Them.

Es ist nicht leicht, von deinen Mitmenschen einzufordern, dass sie dich mit Würde behandeln, obwohl das selbstverständlich sein sollte. Und es ist nicht leicht, dein wahres Ich zu zeigen, wenn die Welt um dich herum dir deutlich zu verstehen gibt, du solltest dich lieber im Schrank verstecken.

Manche Blumen, beispielsweise Pfingstrosen, sind so robust, dass sie auch ohne großen Aufwand blühen. Die allermeisten müssen jedoch gehegt und gepflegt werden, bevor sie sich ins Licht wagen und ihre Blütenblätter der Sonne entgegenstrecken.

Wir alle, die wir unser Coming-out schon hinter uns haben und stolz darauf sind, sollten uns bewusst machen, dass uns das Leben reich beschenkt hat: Wir haben die Chance bekommen, mehr als genug zu sein. Für viele von uns war dieser Weg nicht mit gelben Ziegelsteinen gepflastert, sondern holprig und voller Schlaglöcher. Ganz egal, wie dein Weg aussah: Sei froh, dass es überhaupt einen Weg gab, den du gehen konntest.

Denk daran, es gibt viele unsichtbare Leute da draußen, die keinen Weg haben, die vielleicht noch nicht mal angefangen haben, einen zu suchen.

Wenn du zu denjenigen gehörst, die ihren Weg noch nicht gefunden haben, sei nachsichtig mit dir. Nur Geduld! Irgendwann wird sich der Weg schon zeigen. Vielleicht bist du noch nicht stark genug, vielleicht bist du einfach noch nicht in der

Lage, ganz du selbst zu sein. Das ist okay. Ich bin stolz auf dich! Schon deswegen, weil du dir insgeheim *wünschst*, der Welt dein wahres Ich zu zeigen.

Und an uns Übrige, die wir schon offen so leben und lieben, wie wir möchten: Machen wir uns bewusst, dass unsere eigentliche Aufgabe darin besteht, günstige Voraussetzungen für all diejenigen zu schaffen, die ihren Weg noch nicht gefunden haben. Wir sind dazu berufen, füreinander Licht zu sein. Wenn ihr euch also aufmacht, der Welt euer wahres Ich zu zeigen, lasst ein Licht leuchten.

Manche von uns können es sich leisten, gesehen zu werden. Wir sehen einander. Ich sehe euch, ihr seht mich.

Aber denkt auch an all diejenigen, die noch im Dunkeln sitzen und auf ihre Chance warten. In der Hoffnung auf einen Funken, der ihnen den Weg weist.

Ich bitte euch alle, wo immer ihr gerade seid: Nutzt das Licht in eurer Hand. Richtet es auf jemanden, der ein wenig Führung braucht.

Lasst euer Licht leuchten.

53

Meine Pronomen

sie
ihr

Nur so zur Info.

54

Gute Nacht und Gottes Segen

Ich habe ein festes Ritual, das sich Abend für Abend so präzise wie ein Schweizer Uhrwerk wiederholt: Ich wähle meinen Pyjama für die Nacht aus. Wofür ich mich entscheide, hängt vom Wetter ab, aber auch davon, wie ich mich gerade fühlen möchte. Alle meine Pyjamas sind aufeinander abgestimmte Kombis in verschiedenen Farben und/oder Mustern. Besonders gerne trage ich Pima-Baumwolle oder Seide. Ein Hauch von Spitze kann ebenfalls sehr edel sein. Und auch wenn es komisch klingt, manchmal entscheide ich mich für ein Kaschmir-Set in Waffeloptik mit Kapuzenpulli und einer locker sitzenden Caprihose. Nachts bin ich oft eine kleine Frostbeule.

Zu jedem Outfit habe ich auch etwas Passendes zum Überziehen, entweder eine kuschlige, extralange Strickjacke oder einen richtigen Morgenmantel. Ich mag es, die Kleidung dicht auf meiner Haut zu spüren. Und dann schlüpfe ich in meine flauschigen Pantoffeln, damit meine Füße schön warm bleiben.

Die Nacht ist für mich ein Grund mehr, mich schick zu machen. Meine Pyjamas sind Outfits, und wenn ich sie anziehe, fühle ich mich, als würde ich damit mich selbst für die harte Arbeit belohnen, die ich an diesem Tag geleistet habe. Ich liebe es, abends in meine gemütliche Kleidung zu schlüpfen.

Oft sieht mich niemand in diesen Outfits, nur ich. Aber darum geht es ja auch: Sie sind meine Art, mir selbst eine Freude zu machen.

Als Nächstes brühe ich Tee auf, ich habe immer eine große Tasse Tee neben mir stehen. Dann mache ich es mir gemütlich, schaue vielleicht einen Film oder eine Fernsehsendung und schreibe anschließend in mein Tagebuch. So verbinde ich mich wieder mit meinem Innersten und sorge dafür, dass ich mir selbst treu bleibe und liebevoll mit mir umgehe.

Und dann ist endlich Schlafenszeit. Zeit zum Träumen. Eine Gelegenheit, mich auszuruhen. Im Schlaf tanke ich neue Energie, um am nächsten Tag aufzustehen und wieder von vorn zu beginnen.

Wenn du dich heute Abend bettfertig machst, denk mal darüber nach, wo und wie du Selbstfürsorge praktizierst. Belohne dich mit einem Ritual. Ob altbewährt oder neu, spielt dabei gar keine Rolle.

Es ist keine leichte Aufgabe, mehr als genug zu sein. Tag für Tag müssen wir der Welt unser authentisches und wahrhaftiges Selbst zeigen. Und obwohl es keine lohnendere Art zu leben gibt, können die Anstrengungen ihren Tribut fordern. Deshalb müssen wir daran denken, gut zu uns selbst zu sein.

Lassen wir den Tag Revue passieren:

Wir haben uns gut geschlagen. Wir haben alles gegeben. Und morgen bekommen wir eine neue Chance und dürfen es noch einmal versuchen.

Gut gemacht! Das sind die Momente, die das Leben ausmachen, und wenn wir uns bewusst dafür entscheiden, gestalten wir unser Leben ganz nach unseren Vorstellungen.

Schlaf gut, du Herzensmensch. Du hast es dir verdient.

Gute Nacht und Gottes Segen.

Danksagung

Auf jeder kreativen Reise wird es immer wieder Momente geben, in denen du die Einsamkeit suchst, doch die dauern nicht ewig. Wir alle brauchen Unterstützung, Ermutigung und Anleitung. Das gilt natürlich auch für dieses Buch. Mein Name steht zwar auf dem Cover, aber ich habe das alles nicht allein geschafft. An dieser Stelle möchte ich also wenigstens einige der wunderbaren Menschen nennen, die dieses Projekt erst möglich gemacht haben.

Meine geniale Managerin Jessica Morgulis, die mich versteht und stets an mich glaubt, was immer ich mir vornehme. Sie sorgt dafür, dass ich nicht vom richtigen Kurs abkomme, und ist unglaublich geduldig. So kann ich meine Visionen immer ganz ohne Druck von außen weiterverfolgen. Ich bin dir unendlich dankbar für deine Liebe und Unterstützung.

Mein Literaturagent Albert Lee und alle bei UTA, die mich auf dem Weg zu meiner wahren Geschichte unterstützt und mich von Anfang an immer wieder darin bestätigt haben, dass ich etwas Wichtiges zu sagen habe.

Luvvie Ajayi Jones, deren Rat einfach unbezahlbar war. Danke, große Schwester!

Meine Publizistinnen, die Damen bei Lede – Meredith O'Sullivan, Michelle Margolis und Samantha Cooper. Sie haben mir geholfen, mich so zu präsentieren, wie ich wirklich bin.

Dr. Tom, mein Therapeut, der mir geholfen hat, Seiten von mir zu entdecken, die ich allein vor Angst vielleicht nie erkundet hätte. Ohne das Wissen um diese Seiten wäre dieses Buch nie geschrieben worden. Ich bin ihm unendlich dankbar.

Norman Jean Roy, der das Foto für dieses Cover aufgenommen hat, und Jojo, seine wundervolle Frau, die immer so nett zu mir waren und mich gleich zwei Mal mit offenen Armen in ihrem Haus empfangen haben. Um mein gebrochenes Herz zu heilen und mich später nach einem Marathon um meinen geschundenen Körper zu kümmern.

Danke an das Team von Flatiron Books, einschließlich Megan Lynch, meiner wunderbaren Lektorin und Verlegerin, Kara McAndrew, der großartigen Redaktionsassistentin, und Michelle Li, unserer fantastischen Lektorin und vielen, vielen anderen. Laywan Kwan und Kelly Gatesman aus der Flatiron-Kreativabteilung. Sie haben sich von den Collagen von Miss Lorna Simpson inspirieren lassen, deren Werke uns alle so begeistern. So entstand aus einem Foto, auf das ich stolz war, ein Cover, auf das ich ebenso stolz bin. Ihr alle habt dieses Buchprojekt zu einem so großartigen, herzerwärmenden Erlebnis gemacht.

Und last, but not least Bernadette Murphy, die mir mit Engelsgeduld und unermüdlichem Einsatz geholfen hat, die richtigen Worte zu finden. Sie hat mir zugehört und mich dabei unterstützt, den Kern der Botschaft herauszuarbeiten, die ich den Leserinnen und Lesern vermitteln wollte. Ich danke dir von ganzem Herzen. Ich hätte mir keine bessere Beraterin wünschen können, um aus dem Rohmaterial meiner Erfahrungen diese Geschichte zu schreiben.

Vielen Dank an euch alle für eure Liebe und Unterstützung.